羊毛フェルトで作る がまぐちブック

＊佐々木 伸子

CONTENTS

このCONTENTSでは、作品掲載ページと、作り方や材料を紹介したHow to makeのページをそれぞれ明記しています。

Introduction ················ P.04

1 発泡スチロールのボールで作るがまぐち ········ P.05

発泡スチロールのボールで作る
基本の小さながまぐち 作り方 ··············· P.08

P.06
1 基本の小さながまぐち 4color
(How to make P.65)

P.12
2 ぽってりした小さながまぐち
(How to make P.65)

P.14
3 ピンクのグラデーション
(How to make P.66)

P.16
4 水玉模様のがまぐち3種
(How to make P.66)

P.18
5 ネコ柄：サバ・ミケ・トラ
(How to make P.67)

P.20
6 バイカラーのがまぐち
(How to make P.68)

P.22
7 ボーダーとストライプ
(How to make P.69)

P.24
8 おすわりがまぐち
(How to make P.69)

P.26
9 2色のモコモコループ
(How to make P.70)

P.28
10 スカードウール
(How to make P.70)

Basic knowledge 1 ················ P.30
フェルト化について /
ボール型がまぐちに使う口金 / 準備するもの

［お楽しみ1］小さながまぐち使い方いろいろ … P.32
［お楽しみ2］根付で遊ぶ ··············· P.33
［お楽しみ3］さあ、何を入れよう？ ········ P.34

2　型紙で作るがまぐち ……… P.35

型紙で作るがまぐち
基本のカードケース 作り方 ……… P.37

Basic knowledge 2 ……… P.63
ボール型と型紙に共通する道具 / 準備するもの /
本書で使用する羊毛 /
How to make〔始める前に〕

P.36
**11 基本の
カードケース**
（How to make P.71）

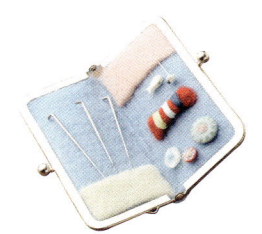

P.42
12 ニードルケース
（How to make P.71）

P.44
13 ペンケース
（How to make P.72）

P.46
14 眼鏡ケース
（How to make P.73）

P.48
15 タブレットケース
（How to make P.73）

P.50
16 羊毛刺繍のがまぐち
（How to make P.74）

P.52
17 布フェルトのポーチ
（How to make P.75）

P.54
18 レースのがまぐちバッグ
（How to make P.76）

P.56
19 クラッチバッグ
（How to make P.77）

P.58
20 親子口金
（How to make P.78）

P.60
**21［応用 1］
がまぐちボックス**
（How to make P.79）

P.62
**22［応用 2］
スクエアケース**
（How to make P.79）

03

Introduction

羊毛フェルトのがまぐちは、お湯とせっけんで作る「ハンドメイドフェルト」の基礎として、12年前に羊毛フェルトを始めた頃によく作っていました。その頃はハンドメイドフェルトの手法だけを使って作っていたので、お湯とせっけんでなでるときに、羊毛がベロベロはがれてきて悪戦苦闘していたことを思い出します。
この本では、ニードルフェルトの良いところを取り入れて、手軽に3ステップで作る方法をご紹介します。
楽しいアイデアをふんだんに盛り込んだ、今までにないがまぐちの本が出来上がりました。

STEP 1　ニードルで刺してベースを作る
発泡スチロールボールにニードルで羊毛を巻いて刺す。
いつでも空いた時間にサクサク作れる♪

STEP 2　お湯とせっけんでフェルト化する
ポリ袋にモチーフとお湯とせっけんを入れてフェルト化。
ポリ袋のなかで10分×2回！ 袋の中でなでるから手軽にできる♪

STEP 3　口金をつける
がまぐちの口金を縫いつけて完成！
本の分量通りに作れば、口金とフェルトの切り口を合わせる手間いらず♪

準備する道具は羊毛、口金、発泡スチロールのボール、他は家にあるものだったり、手芸好きのみなさんなら持っているものも多いです。口金を入れるときに少し苦労するかもしれませんが、いくつか作れば慣れてくるはずです。まずはこの本で説明している通りに作ってみましょう。
ボールのがまぐちが出来たら、2（P.35）で紹介している「型紙」を使ったがまぐちにもぜひ挑戦してみてください。
焦らずに、ゆっくり丁寧に、本をじっくり読みながら作ってみてましょう。

今までのニードルフェルトでは味わえなかったワクワクと
不思議な「フェルトワールド」が広がりますよ♪

佐々木 伸子

1

発泡スチロールの
ボールで作るがまぐち

1	発泡スチロールのボールで作る 基本の小さながまぐち 4 color	P.06
2	ぽってりした小さながまぐち	P.12
3	ピンクのグラデーション	P.14
4	水玉模様のがまぐち3種	P.16
5	ネコ柄：サバ・ミケ・トラ	P.18
6	バイカラーのがまぐち	P.20
7	ボーダーとストライプ	P.22
8	おすわりがまぐち	P.24
9	2色のモコモコループ	P.26
10	スカードウール	P.28

Small coin purse of basic 4color

発泡スチロールのボールで作る
1 基本の小さながまぐち 4color

How to make → P.65

黄緑

紫

ピンク

青

07

発泡スチロールのボールで作る
1 基本の小さながまぐち 作り方

発泡スチロールに羊毛を巻きつけてニードルで刺す→お湯とせっけんでフェルト化→乾かして口金を縫いつける。発泡スチロールのボールで作るがまぐちは、すべてこの3つのステップで出来てしまいます。慣れてしまえばかんたんです。まずは『基本の小さながまぐち』で練習してみましょう。

材料
羊毛：56（ピンク）　3.5g
フェルケット：316（白）　4.5cm×15cm×2枚
発泡スチロールボール：直径 4.5cm / 4cm
口金：外径横約4cm×縦約2.5cm（H207-015-1/金/ハマナカ）

【完成サイズ】
縦5cm（口金含む）×横4.5cm

フェルケットをボールに巻きつけ、ベースの内側を作る

1 4.5cm幅にちぎったフェルケットを、4.5cmボールにぐるりと巻きつけ、重なった部分をボールに沿うようにニードルで刺して固定する。

2 ボールのてっぺんと底に隙間が出来るので、残りのフェルケットをまるくちぎって穴を覆い、刺す。

3 ②を穴があいていないかチェックする。写真は穴のない状態。
※あいていたらフェルケットを足して刺し、穴のない状態にする。

ニードルの刺し方は「P.11 ワンポイントアドバイス」を確認すること。

発泡スチロールのボールで作る　基本の小さながまぐち 作り方

羊毛をボールに巻きつけ、ベースの外側を作る

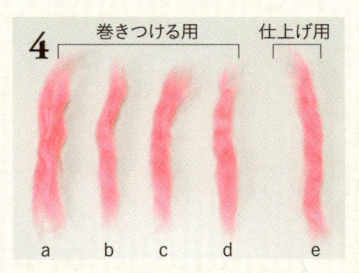

4 巻きつける用　仕上げ用
a b c d e

羊毛を3.5gずつ5等分にする。

5 aを取って薄く広げ、③に巻きつけて巻き始めをニードルで刺して固定する。一周させ、余分な羊毛をちぎる。巻き終わりもニードルで刺して固定する。

6 b〜dの羊毛はお互いがクロスするように巻きつけて刺し、隙間がないようにする。

完成度アップ！
短くちぎった羊毛をのせて仕上げることで、筋のないきれいな表面ができる。

7 ⑤⑥の工程で出た余分な羊毛が無くなるまで小さくちぎって刺し、厚みが均一の状態にする。

8 eの羊毛からひとつまみ取り、10回以上ちぎって繊維を短くする。

9 ⑧を十字に重ねて⑦にのせてニードルで刺す。これをeの羊毛がなくなるまでボール全体に渡るよう繰り返す。羊毛にゆるみがないように、全体をよく刺すこと。

羊毛は材料分をすべて使い切り、ボールに均一に刺しつけること。そうすることで口金にぴったり合うようになる。

お湯とせっけん（フェルト羊毛専用ソープ）でフェルト化する

➡ ※準備：ここからお湯を使うので、キッチン等に移動するか、テーブルにタオル等を敷いて、周りが濡れるのを防ぎましょう。

10 ポリ袋に⑨のボールを入れる。40〜50℃のお湯にせっけん（フェルト羊毛専用ソープ）を数滴入れ、ボール全体が濡れるようにかける。

常に温かい状態を保つように、せっけんを入れたお湯を足しては捨てる、を繰り返しながら作業する。

11 ポリ袋に空気を入れ、お湯がボール全体になじむように何度かふってお湯を捨てる。このとき、泡がほんの少し見えている程度がベスト。せっけんは入れすぎないこと。

次のページへ　09

12

ポリ袋の空気を抜いて写真のように手で口を閉じ、手のひらで、ポリ袋にしわを寄せるようになでる。羊毛が冷たくならないよう、お湯は入れ替え、常に温かい状態を保つこと。

13

フェルト化が進んできたら平らなところで転がし、強い圧力をかける。転がす作業は⑫⑬を通して10分程度行う。

14

ボールに羊毛が張りつき、歪みやシワがなくなったら、袋の中で水ですすぎ、ポリ袋から取り出してタオルで水分を吸収する。

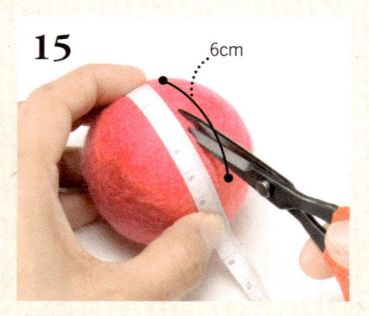

15

⑭の左右中央に切り口を入れる。ハサミは一度縦に入れて、そのあと横に6cmカットする。

16

直径4.5cmボールを取り出し、直径4cmボールと入れ替える。

17

⑩〜⑬の作業をもう一度行う。フェルト化を進める。

フェルト化は、全部で2回行うんだよ〜

18

特に切り口はよくなでる。全体がボールにぴたりと張りついたらOK。

19

袋の中で水ですすぎ、ポリ袋から取り出してタオルで水分を吸収する。

20

ボールを入れたままアイロン（中温）を当てて乾かし、そのまま風通しのよいところでしっかり乾くまで自然乾燥させる。

※ヤケドに注意すること。

発泡スチロールのボールで作る　基本の小さながまぐち 作り方

口金をつける

21 完全に乾いたらボールを取り出す。目打ちでフェルトの切り口を口金の溝に押し込むように入れる。

22 口金が切り口からずれないように仮縫いする。
※仮縫いと本縫いはなるべく短い針を使うと縫いやすい。

23 2本取りしたミシン糸で返し縫いをして口金をつけ、仮縫いをはずして完成！

POINT!

ワンポイント アドバイス

発泡スチロールボールに巻いた羊毛をニードルで刺すときのコツ

ニードルはボールに対して垂直に刺すのではなく、ボールと羊毛の間にニードルの先を入れるように刺すことがポイント。ニードルの先が傷まず、素早くフェルト化することができます。

口金を縫いつけるときのコツ

初心者が難しく思うのが、口金をフェルトに縫いつける工程。口金を縫うときは、口金の端から縫い始めますが、途中までできたらがまぐちごと持ち替えて反対の端まで縫い終えるようにすると、作業がしやすくなります。

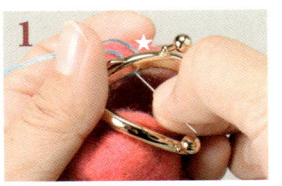

1 向こう側（★印）の口金を左端から縫い始め、途中までできました。

2 がまぐちをくるりと持ち替えたところ。縫っている口金が手前（★印）にきています。この状態で左端まで縫い終え、玉留めをして糸を切ります。片側の口金を付けたらいったん縫い終え、再度玉結びをしてもう片側の口金を縫いつけていきます。

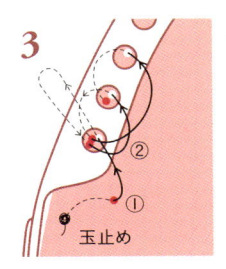

3 口金が取れないように縫いつける

①切り口の内側でいったん縫い針を通し、内側から1番目の穴に針を通して戻り、再度1番目の穴に針を通して、

②2番目の穴へ入って返し縫いを始めます。縫い終わりも同様に、最後の穴には2度針を通し、玉留めして終わらせます。こうすることで口金を外れにくくすることができます。

玉止め

※次のページから応用編です。作品特有のテクニックは作品ページ隣の「Advice」で解説、材料ややおおまかな流れはP.65以降の「How to make」で紹介しています。

次のページから始まります

Small coin purse of chubby

2 ぽってりした小さながまぐち

How to make → P.65

グレー

茶色

Advice

Potterishita chiisana gamaguchi

お湯とせっけんでフェルト化する工程で、長くなで続けるほど、切り口の開きが大きくなります。すると、口金をつけたときに、横に張り出した"変形パターン"が生まれました。この「切り口の開き具合」によって、がまぐちのまるみが変わってくるのも面白さのひとつです。。

フェルト化する時間の長さが生み出す差

横から見た図　　　　　　　　　　　　　　**上から見た図**

10分　　20分　　　　　　　　　　　　　　　10分　　20分

作り方の手順は『基本の小さながまぐち』（P.08）とまったく同じ。ただし、お湯とせっけんでフェルト化する工程において、『基本の小さながまぐち』（写真左）のフェルト化する時間が10分/10分なのに対し、ぽってりした小さながまぐち（写真右）は10分/20分。10分多くなでることで、フェルト化が進んで羊毛が縮み、切り口が開いてくる。

『基本の小さながまぐち』との形の違い

基本の小さながまぐち　　　ぽってりした小さながまぐち

切り口が開いた状態で口金をつけると、生地が引っ張られて写真のように横が張り出したような形になる（写真右）。同じ大きさのボールを使っても、フェルト化する時間の差で、形が微妙に変わってくるのも、「発泡スチロールのボールで作るがまぐち」の特長のひとつ。

Pink gradation
3 ピンクのグラデーション
How to make → P.66

薄いピンク

濃いピンク

Advice

この作品のポイントは自然なグラデーション模様が出るかどうか。
少々手間はかかりますが、グラデーション用の羊毛ひと束につき、
10回以上ちぎって短い繊維にしてから、刺しましょう。
長いままだとバランスの悪いグラデーションになってしまいます。

Pinkuno gurade

きれいなグラデーションの出し方

1
グラデーション模様は濃い部分から作る。まず、写真の量ぐらい、多めに羊毛を取る。

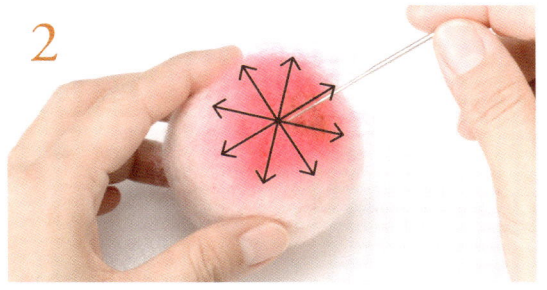

2
ベースのおしり部分に、①を3〜5回ちぎったものを置き、矢印のように放射状に刺す。

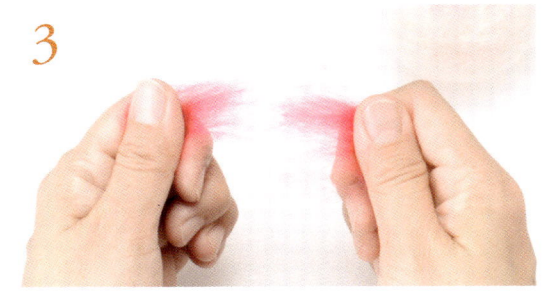

3
次にグラデーション模様の色の薄い部分を作る。羊毛を少量取り、10回以上ちぎって繊維を短くする。

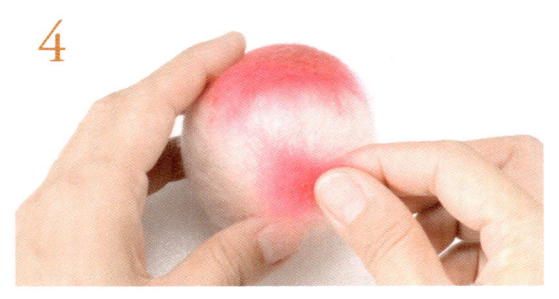

4
③を十字の形に重ね、濃く刺した部分に、2/3程度重なるように置いて刺す。

5
③と④を繰り返し、色の境目をぼかすようにぐるりと一周刺していく。

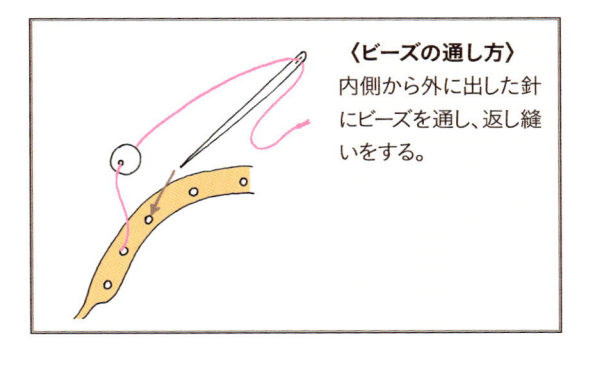

〈ビーズの通し方〉
内側から外に出した針にビーズを通し、返し縫いをする。

Polka dots 3type

4 水玉模様のがまぐち3種

How to make → P.66

赤/白

白/赤

黄緑/白

上　：ぼやけた水玉模様
中央：はっきりした水玉模様
下　：はっきりした水玉模様

Advice

mizutamano gamaguchi

水玉模様のように同じ模様を均等に刺す場合、模様を刺す前に模様分の羊毛を先に同量ずつ分けておくことがポイントです。羊毛の分量は目分量でだいたい同じならOK。羊毛をまるめるときの指の力加減も一定になるよう気をつけましょう。

輪郭のはっきりした水玉模様とぼやけた水玉模様

1 羊毛を少量取り、10回以上ちぎって繊維を短くする。

2 てのひらで転がし、まるく整える。

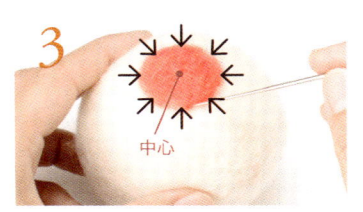

3 水玉の輪郭をはっきり出したい場合は、水玉のふちを中心に向かって放射状に刺す。

中心

4 水玉の輪郭をぼやかしたい場合は、模様の上から羊毛を中心に集めないでそのまま刺す。

5 左：輪郭のはっきりした水玉の完成。
右：輪郭のぼやけた水玉の完成。

規則正しい水玉模様を作るには

小さな水玉模様

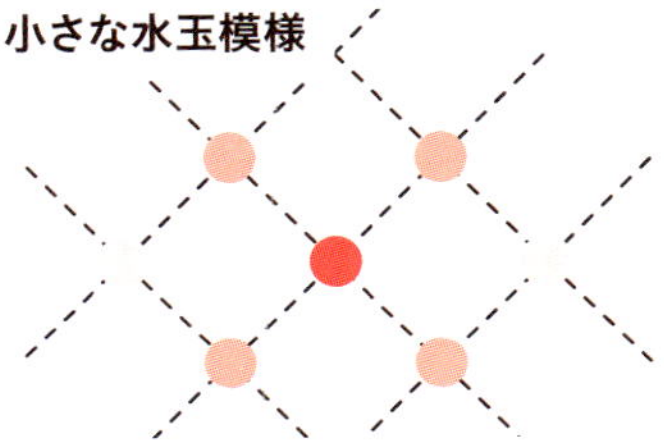

ベースの中央に水玉をひとつ刺したら、図のようにそこを中心に4つの水玉を刺す。あとは各水玉が等間隔になるよう刺しつけていくと、規則正しく模様をつけることが出来る。

大きな水玉模様

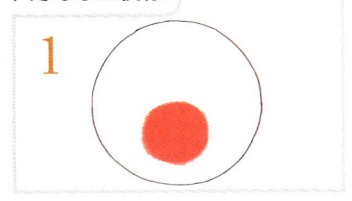

1 大きな水玉をベースの左右中心、下から1/3のところにひとつ刺す。

2 全部で7つの水玉が出来るよう、左右等間隔に水玉を刺す。おしりからチェックしながら刺していくのがキレイに水玉をつけるポイント。

Cat pattern：brown tabby・calico・red tabby

5 ネコ柄：サバ・ミケ・トラ

How to make → P.67

サバ

ミケ

Advice

曖昧なラインや模様が特長のネコ柄。ニードルで模様を刺してからお湯とせっけんでフェルト化するので、ぼやけた風合いが表現できます。ニードルで刺すときは、大きな束から抜き取った羊毛を、ただ置いたまま刺すのがポイント。本物のネコを思い浮かべながら作りましょう。

nekono garano gamaguchi

ライン模様を作るポイント

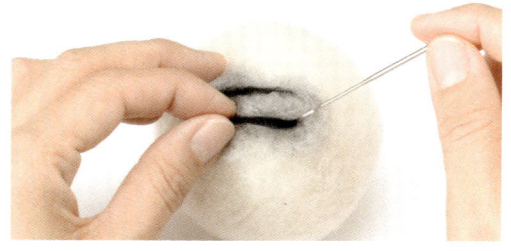

羊毛を少量取り、取ったそのままの形をベースに置いて刺す。あえて曖昧な太いラインや細いラインを作るとネコらしくなる。

くろねこも
わすれんにゃ！

トラ

ネコ柄の輪郭を作るポイント

1 羊毛を少量取り、てのひらで転がしながら軽くまるめる。

2 作品の写真を見ながらまるみのある形に薄く広げる。

3 ベースにそのままの形を置いて刺す（羊毛を寄せたりしないこと）。

Bicolored
6 バイカラーのがまぐち

How to make → P.68

赤/クリーム

ピンク/茶

Advice

baikarano gamaguchi

羊毛を使わずにフェルケットだけで作っています。フェルケットとはシート状の羊毛で、すでに途中までフェルト化したもの。羊毛をわざわざ刺すよりも手軽に作ることが出来ます。フェルケットをボールに巻くときは、ゆるみがないようしっかり引っ張って巻きつけるのがポイントです。

フェルケットを重ねる

1 フェルケットを約7cm×22cmにさく。

2 1枚目のフェルケット（羊毛のとき同様の内側になる部分のフェルケット）を巻いたボールに①のフェルケットを巻き、重なった部分を刺してとめる。

3 穴のあいているところはその大きさにフェルケットをちぎり、ニードルで刺して穴のない状態にする。

色の境目をシャープに出す

1 模様として上から重ねるフェルケットを型紙(P.68)どおりにハサミでカットする。

2 ①をベースのおしりになる部分にのせて刺しつける。そのとき、①のフェルケットの境目に向かって刺すと、色の境目がくっきりと際立つ。

POINT!

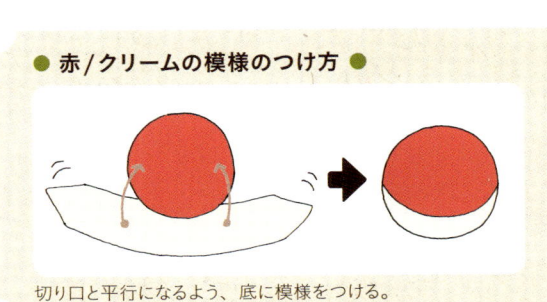

● 赤/クリームの模様のつけ方 ●

切り口と平行になるよう、底に模様をつける。

● ピンク/茶の模様のつけ方 ●

ベースの右斜め1/3をくるりと巻くように模様をつける。

Horizontal stripe and stripe
7 ボーダーとストライプ
How to make → P.69

ストライプ

ボーダー

Advice

boda to sutoraipu

ボーダーのように、しっかりときれいなラインをつけたいときは
麻やコットン等が入った糸を使います。
一方で、ストライプのような味のあるラインを出すときは羊毛を使います。
ラインがはっきりしているかどうかで、作品の持つ個性は違ってきます。

ボーダーの刺し方

拡大すると

麻とコットンの混合糸を3本並べ、1本のラインを作る。羊毛にやや絡まりにくいので、糸の間に羊毛を入れて絡ませながら刺しつける。

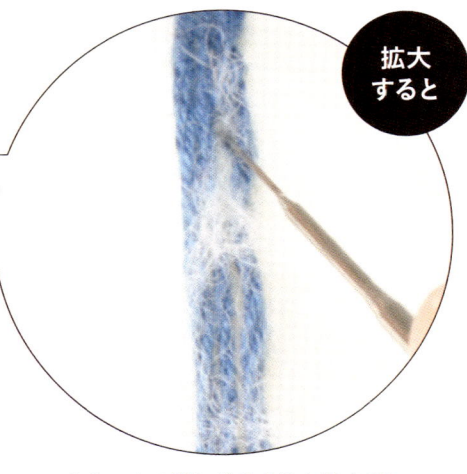

3本の糸の間に羊毛を入れ込んでいるところ。表面に羊毛が出ないよう、ニードルを斜めにして刺していく。

ストライプのフェルト化の仕方

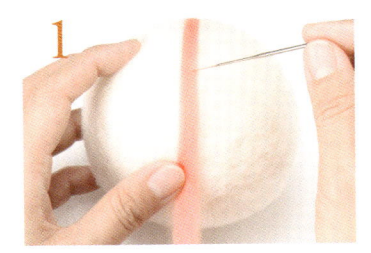

1
ベースの左右中央に幅約7mmのラインを、ピンクの羊毛で曲がらないようぐるりと一周刺す。水色のラインは幅約3mmで刺す。ピンクと水色の間隔は5mmあける。

2
お湯とせっけんでフェルト化するときに、ストライプの方向（一方向のみ。写真の場合は縦方向）にだけなでることで、模様が曲がったり歪んだりすることを最小限に出来る。

3
写真はフェルト化が終わったもの。このようにベースに定着すれば模様の完成。ある程度のラインのにじみは風合いとして楽しんで。

Stand-alone type porch

8 おすわりがまぐち

How to make → P.69

黄色/青

青緑

Advice

発泡スチロールのボールを1/3カットして羊毛と口金をつけたら、机や棚にちょこんと置けるドームのような形になりました。切り口にマスキングテープを貼ることで、ニードルの針先がなめらかに滑り、作業しやすくなります。

おすわり型を作るには

発泡スチロールボールは直径7cmと直径6.5cmのものを使用。両方1/3をカッターでカットする。切り口にマスキングテープを貼ってなめらかにしておく。

おすわり型のバイカラー

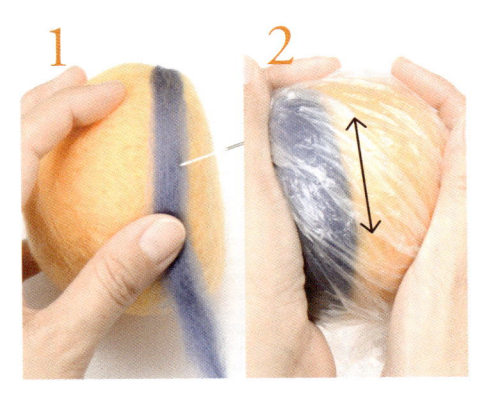

1 ベース1色の状態でお湯とせっけんでフェルト化し、いったんタオルで吸水したものに、底と底から1cmの部分に青い羊毛を刺しつける。

2 6.5cmのボールに入れ替え、お湯とせっけんでフェルト化する。このとき、色の境目に沿って重点的になでる。

黄色

Two color fluffy loop

9 2色のモコモコループ
How to make → P.70

グレー

白

Advice

mokomoko loop

ループ状になった毛糸を植毛していくモコモコのがまぐち。
羊毛と毛糸、同じ羊生まれの素材なので相性が良く、他の素材よりも刺しやすくくっつきやすくなります。
ゆっくり丁寧にニードルでループを立たせながら刺し、ふっくらとした愛らしい姿にしましょう。
毛糸と毛糸の間があかないよう、毛糸同士を密接させて刺すこともポイントです。

ループ毛糸をきれいに植毛する

1 ループになっている部分をよけ、毛糸の芯を刺すようにすると、ふんわりとした仕上がりになる。

2 次の段に刺すループ毛糸は前段に刺した毛糸との間をあけないようにする。前段に刺した毛糸のループをニードルの先で持ち上げながら、次の段を刺していく。

ループ毛糸を刺す順路

1 刺し始めは、一方の面の中心から外に向かって時計回りで渦を巻くように刺していく。（切り口）

2 口金をつける部分、切り口より5mm幅をあけ、V字を描くように毛糸を刺し、反対面へ。

3 反対面は外から中心に向かって渦を巻くように。中心まで来たら毛糸を深く刺し込んでカットする。

Scoured wool
10 スカードウール
How to make → P.70

白

茶

Advice

カラードウール・シリーズの「スカードウール」という、洗い上げの羊の毛の風合いをそのまま活かした羊毛を使用しています。
固まっている部分は指でほぐして、ミックスの毛をバランス良く刺していくのがポイント。羊の毛の自然な風合いが楽しめます。

1
毛が絡まっている、不純物を洗い落としただけのスカードウールを用意する。

2
ひとつまみ取ったら指先でほぐす。

3
②をベースに置き、羊毛に少し遊びを残すように刺していく。次に刺す羊毛は、その前に置いた羊毛と少し重ねて刺す。するとフェルト化後にボコボコとした風合いが出る。

フェルト化について

この本ではがまぐちを作るために「ニードルフェルト」と「ハンドメイドフェルト」のふたつの手法を用いています。ニードルフェルトはマスコット等の立体物を作るのによく使われる手法、ハンドメイドフェルトはバッグやルームシューズ等の大物を作るのに使われる手法です。

ニードルフェルトである程度フェルト化を進め、その後、お湯とせっけんでしっかり固めて丈夫に仕上げるので、「ハンドメイドフェルトはちょっと難しそう」と思っている方々にも、気軽に作っていただけます。

ニードルフェルト

専用針「ニードル」を羊毛に刺すことで、羊毛を絡めてフェルト化していく方法です。この本では「フェルティング用・ニードルホルダー（2本用）」を使用し、フェルト化のスピードを速めることができます。ニードルは羊毛に対して「刺した角度でそのまま抜く」を意識することが安全に作業するポイントです。

ハンドメイドフェルト

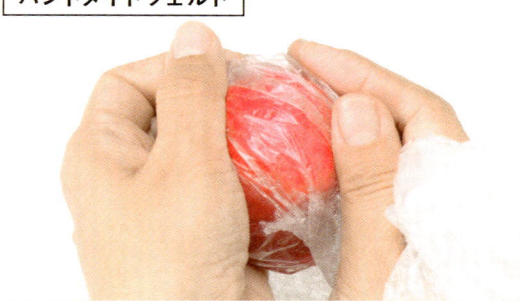

羊毛をお湯とせっけんで浸してなでることで摩擦を生じさせ、フェルト化していく方法です。この本では作業しやすいように、ポリ袋等にお湯とせっけん（フェルト羊毛専用ソープ）を入れてなでています。ハンドメイドフェルトが初めての方でも簡単にできる方法です。

ボール型がまぐちに使う口金

「発泡スチロールのボールで作るがまぐち」のなかで使っている口金は、すべて写真のように縫い穴がついている、糸で縫いつけるタイプです。まずはこの縫いつけタイプを使って、羊毛を口金につける練習をしてみましょう。一番小さな『基本の小さながまぐち』から始めることをおすすめします。とにかく何度も作って慣れること。

「型紙で作るがまぐち」ではボンドでつける口金を使用していますが、こちらは見た目の完成度が高くなる分、テクニックも難しくなります。詳しくはP.40で説明しています。

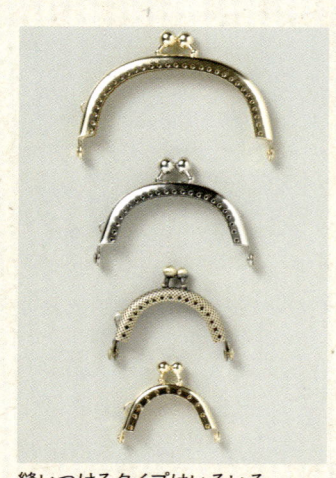

縫いつけるタイプはいろいろ

Basic knowledge 1

準備するもの

❶ニードル（極細タイプ）
羊毛を刺しつけるのに使います。

❷フェルティング用・ニードルホルダー（2本用）
ニードルを2本入れることができるホルダーです。

❸発泡スチロールボール
直径0.5cm違いの大小ふたつのボールを使用。手芸店で購入出来ます。

❹ポリ袋
このなかに羊毛を巻きつけたボールとお湯とせっけん（フェルト羊毛専用ソープ）を入れて、なでてフェルト化していきます。

❺縫い針、縫い糸
口金を縫いつけるのに使用します。縫い針はなるべく短めのもの、縫い糸はミシン糸等の強いものがベストです。

❻ハサミ フェルトをボールから取り出すときに使います。

❼フェルト羊毛専用ソープ
羊毛をフェルト化するのに使います。
なければ液体洗剤（なるべく無添加のもの）でもOK。

❽目打ち 口金をつけるのに使います。

❾タオル（2枚）
フェルト化するときに周りが濡れないように。また、お湯に濡れたフェルトの水分を吸収するときに使用します。

❿小さめのジョーロ（またはコップ）
お湯とせっけんでフェルト化するときに、袋にお湯を入れる作業で使います。

⓫アイロン
フェルトを乾かし、整形するのに使います。

⓬メジャー（定規）
切り口を切るときフェルト化したあとのサイズを測るとき等に使います。

⓭ニードルマット
ニードルで作業するときに使います。

⓮はかり
羊毛やフェルケットの分量を計るときに使います。

あると便利な道具

●バケツ
お湯を捨てる作業のときにあると便利です。

●サラダスピナー
フェルトの水を脱水するときに。洗濯機の脱水機能を使ってもOK。

お楽しみ1 小さながまぐち 使い方いろいろ

ボール型の『基本の小さながまぐち』は直径4.5cmほど。てのひらサイズのがまぐちは愛らしい姿をした実力派。さまざまな使い方をご紹介します。

首からさげる

口金のカンに革紐や好きなチェーンを通してネックレス風に。例えば、指輪入れとして使ったり、好きな香りをまとわせた布を入れて、リラックスタイムに活用したり。面白さと実用性を兼ねそなえた使い方ができます。

バッグチャームに

ちょっとしたアクセントとして自分だけの目印にもなります。小銭や買い物のメモを入れてもいいかもしれません。「ちょっとした何かが入る」というところが、ポイント高いですね。

キーホルダーにつけて目印に

たとえキーがたくさんの荷物に紛れてしまっても、ふっくらした手触りを手がかりに、すぐに取り出すことができます。がまぐちの中に自転車のカギを入れるのも便利です。

お楽しみ2
根付で遊ぶ

口金にはチェーンなどを通すための「カン」という穴がついています。そこにお好みのモチーフを根付としてつけてみてはいかがでしょう?

ころころ
ふわふわ

イニシャルを
入れて

フリンジで
華やかに

フェルトボール
好きな羊毛をひとつまみ丸め、ニードルで刺して硬めのボールを作ります。ボールにTピンを通し、Tピンにスワロフスキーをつけたら完成♪

チャーム
雑貨屋さんなどで売っているチャームをつけて。さらに好きなモチーフを組み合わせてもかわいい。

フリンジ
市販のフリンジにスワロフスキーを通して根付にしても面白い。かんたんだけど存在感はバツグンです。

お楽しみ3

Now, What will I put in it ?
さあ、何を入れよう？

マカロンケースのように小さながまぐち。
作りやすく楽しいのはもちろん、出来上がりもとってもかわいい！
ちょっとしたプレゼントに手作りと羊毛フェルトの温かさ、
そしてひと工夫を添えて

キャンディやお菓子を入れて、
子供へのご褒美や
友達への
ちょっとしたプレゼントに。

アクセサリーケースとして。
羊毛には
弾力性があるから
安心して入れられます。

バス代などの
支払いに。
近所にお出かけするときの
小銭入れにも。

使い方は
無限大！
あなたは
何を入れますか？

2

型紙で作る
がまぐち

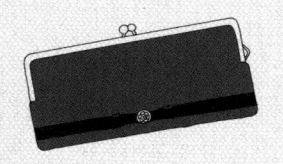

11	型紙で作るがまぐち 基本のカードケース	P.36
12	ニードルケース	P.42
13	ペンケース	P.44
14	眼鏡ケース	P.46
15	タブレットケース	P.48
16	羊毛刺繍のがまぐち	P.50
17	布フェルトのポーチ	P.52
18	レースのがまぐち	P.54
19	クラッチバッグ	P.56
20	親子口金	P.58
21	［応用1］がまぐちボックス	P.60
22	［応用2］スクエアケース	P.62

Basic card case

型紙で作るがまぐち
11 基本のカードケース

How to make → P.71 　型紙 No.1

ピンク

赤

紫

型紙で作るがまぐち
11 基本のカードケース 作り方

荷物を包む緩衝材やフェルティング用・マットカバーを型紙として形を作る方法です。作業の流れはボール型とほぼ同じです。ここではボンドでつけるタイプの口金を使うこともあり、口金をはめる工程が難しく感じるかもしれませんが、慣れればかんたんに出来ます。ボンドタイプの口金を使用すると、まるで既製品のように完成度が高くなります。

材料
- 羊毛：24（赤）10g
- フェルケット：304（ピンク）10cm×36cm×1枚
- 口金：外径横約7.5cm×縦約3.5cm（アンティーク）
- 型紙：14cm×10cm（フェルティング用・マットカバーをカットして使用してもOK）

【完成サイズ】
縦11cm（口金含む）×横7.5cm

型紙を作り、羊毛を重ねてニードルで固める

1 巻末の型紙のサイズにフェルティング用・マットカバーをカットする。

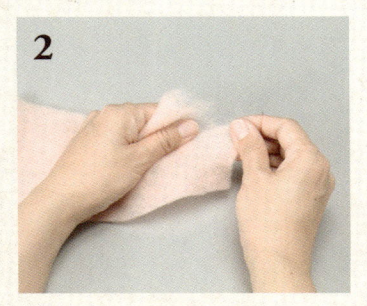

2 フェルケットは10cm×36cmになるよう、長辺はハサミでカットし、短辺は指でちぎる。

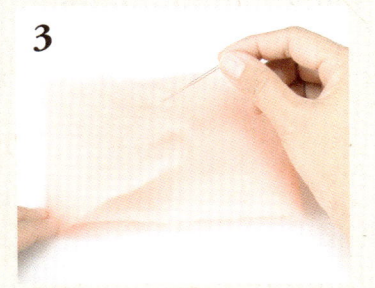

3 型紙にフェルトケットを巻きつけ、重なった部分はニードルで刺して固定する。

次のページへ

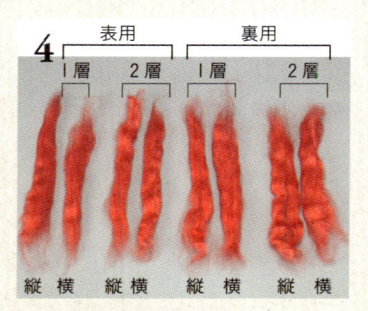

4 表用／裏用　1層 2層 1層 2層　縦横 縦横 縦横 縦横

羊毛を8等分にわける。

5 ④のうちの1本の羊毛を薄くちぎって縦に並べる。

6 その上から④のうちのもう1本の羊毛を横に並べる。縦と横で1層と数える（④の写真参照）。

7 羊毛が動かないように10ヵ所程度刺す。型紙にはなるべく刺さないように注意する。

8 ⑦を裏返して、はみ出した羊毛を型紙に沿ってしっかり折り返し、ニードルを倒して横から刺す。

9 ⑤〜⑧を繰り返し、両面それぞれ2層ずつ羊毛を重ねて刺す。

お湯とせっけん（フェルト羊毛専用ソープ）でフェルト化する

10 保存袋の奥の方に⑨を入れ、40〜50℃のお湯にせっけん（フェルト羊毛専用ソープ）を数滴入れ、全体が濡れるようにかける。

11 お湯が羊毛にしみ込むように保存袋の上から手で押す（空気が入ってしまった場合は、袋の上から空気を叩く）。袋に溜まったお湯は捨てる。

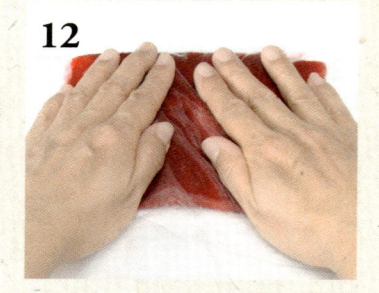

12 保存袋の上からゆっくり優しく全体をなでる。片面5分、両面で10分を目安になで続ける。
注：羊毛が寄ってきたら力を入れ過ぎている証拠。力を弱めること。

型紙で作るがまぐち　基本のカードケース 作り方

13

保存袋の空気を抜いて、羊毛をジッパーから5cmのところに置き、ジッパーを閉める。菜箸を芯にしてジッパーから羊毛を巻き込むようにまるめる。

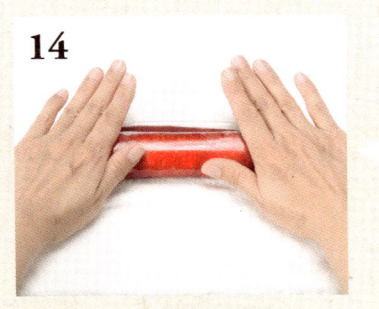

14

ゆっくり軽く30回程度転がす。

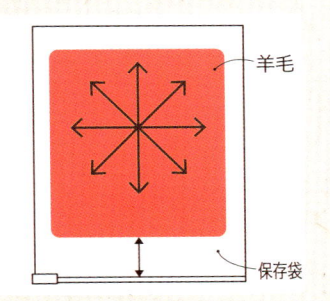

縦、横、対角線を30回ずつ、上から圧力をかけるように、方向を変えて押しながら転がす。ひっくり返して裏側も同様に行う。

羊毛
保存袋

15

中の型紙が丸まってきたら、袋ごと叩きつけて平らにする。

16

保存袋から羊毛を取り出し、短辺の片側を写真のようにハサミでカットし、型紙を取り出す。

17

もう一度保存袋に戻し、⑩〜⑭を繰り返し、短辺7.5cm×長辺10cmになるまでまるめて転がす。途中、内側にも手を入れてなでる。

18

形が歪んでしまったら、袋から出して、手で引っ張って形を整えること。

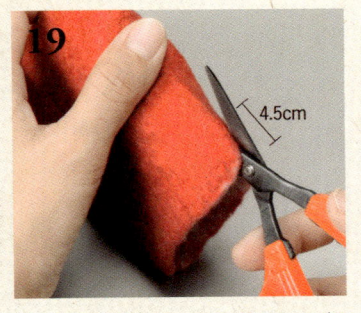

19

切り口の両脇をハサミで4.5cm切り込みを入れ、口金をはめる溝を作る。

20

保存袋に再び入れ、切り込みを入れた部分にお湯をかけてなで、毛羽立ちをおさえる。

次のページへ ➡

39

21 水ですすいでせっけんを流し、タオルで水分を吸収する。

22 アイロン（中温）をかけてシワをのばし、風通しのよいところで完全に乾くまで自然乾燥させる。

口金をつける

23 口金の溝に目打ちを使って切り口をはめ込み、溝に入るか確認する。

24 ㉓の工程で、切り口が分厚くて入らない場合は、ニードルで刺して薄くする。

25 ㉓の工程で、切り口が歪んで入らない場合は、切り口がまっすぐになるようハサミで切り、切った部分はニードルで刺してなじませる。

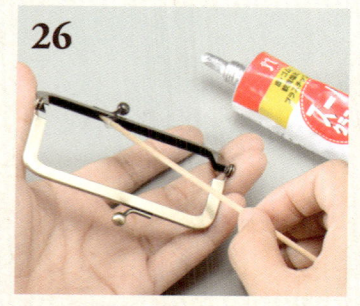

26 口金の溝部分に竹串を使ってボンドを入れる。ボンドの入れ過ぎには注意すること。

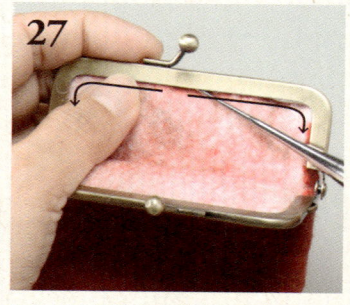

27 切り口を目打ちを使って中心から少しずつ左方向に入れ、入れ終わったら右方向に入れていく。片側が終わったら、もう片側も同様に行う。

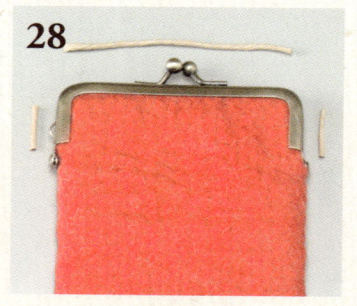

28 片側に口金の横の長さ1本、縦の長さ2本の紙紐を用意する（両側で横の長さ2本、縦の長さ4本）。

型紙で作るがまぐち　基本のカードケース 作り方

29

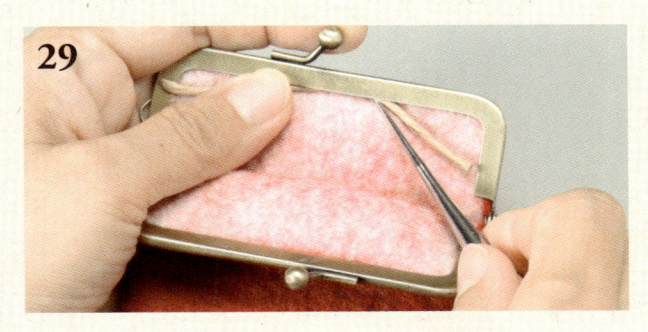

中心から左方向に目打ちで紙紐を押し込むように入れていく。同じように右方向にも入れ、左右の縦の部分も入れていく。もう片側も同様に行い、乾かして完成。

ワンポイント アドバイス　POINT!

❸つのこだわり

こだわり1 食品や衣装等に使うジッパーつき保存袋を利用してフェルト化する
周りが水浸しになることがなく、手軽にお湯とせっけんでフェルト化できます。

こだわり2 ボンドでつける口金を使用
初めはちょっとコツが必要。慣れればかんたんで、完成度がグッと上がります。

こだわり3 口金に合わせれば、型紙の形や大きさは自由自在にできる
フェルト化するときに注意するのは、切り口が口金の大きさにぴったり合うかどうか。袋になる部分の形や大きさはアイデア次第で、自由自在に変えることが出来ます。

お湯とせっけんでフェルト化するコツ

コツ1 お湯は常に温かい状態に保つこと
手で触って羊毛が冷えてきたなと思ったらこまめにお湯を入れ替えましょう。

コツ2 石けんはうっすら泡が出るくらいがベスト
泡が多いと力が伝わらず、フェルト化が進みにくくなります。

コツ3 袋に置く位置を段階で変え、フェルト化の圧を調整する
ジッパー近くに置くほど、強い圧がかかります。始めはジッパーから離れたところに羊毛を置き、少しずつ手前に移動し、圧が強くかかるようにするとフェルト化が早まります。

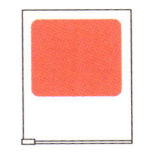

袋の一番奥に置いて縦横斜めにまるめて転がす。裏も一通り転がして羊毛を固めていく。 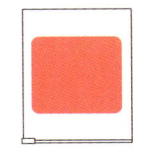 ▶ 袋の真ん中に置いて転がす。縮ませたい方向に転がして形を整える。  ▶ 手前に置く。出来上がりサイズに合うようにフェルト化していく。

Needle case

12 ニードルケース

How to make　P.71　型紙 No.2

ピンク

ブルー

Advice

needle case

この本のなかで唯一、袋の形にしない平面的な作品です。
1枚のフェルトシートを口金の形にしっかりはまるようにフェルト化しながら合わせ、仕上げていきます。内側のニードル等の道具を入れる部分は、見本を参考に自分仕様に仕上げてみてもいいでしょう。

シート状の羊毛を口金にはめる

1
14.5cm×15cmにカットしたフェルケットの上に羊毛を縦、横に並べる。

2
1層目を置いたらニードルで所々刺し、2層目を置いて同様に刺す。

3
②を保存袋に入れてジッパーを閉め、ジッパー(下)から5cmのところに羊毛を置き、ジッパーからきつくまるめる。

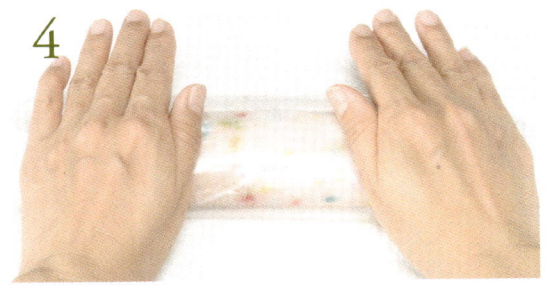

4
縦、横、対角線を30回ずつ、上から圧力をかけるように、強く押しながら転がす。裏に返して同様に行う。

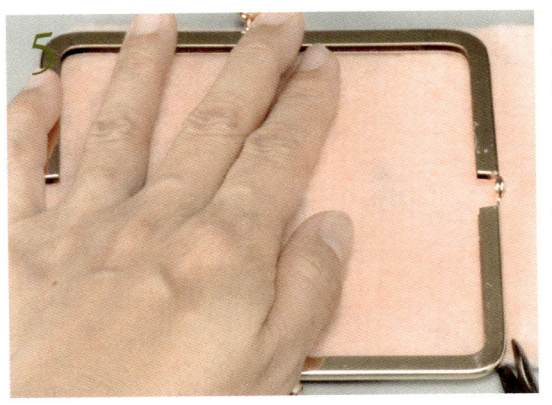

5
タオルで水分を吸収したフェルトを、開いた状態の口金に合うようにカットし、口金にフェルトの周囲を入れていく。口金をつけたまま自然乾燥させる。

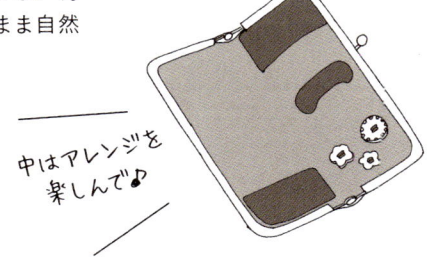

中はアレンジを楽しんで♪

Pen case
13 ペンケース

How to make → P.72 型紙 No.3

リボンモチーフ

黒の格子柄

Advice

Pen case

同色の毛糸で格子を刺したものと、先に羊毛でライン模様を刺して
フェルト化した上から、さらにリボンを縫いつけて立体感を出した作品です。
横に広い形は、口金をつけるときに形が歪みやすいので、口金の中心にある
「ひねり」の下から少しずつ紙紐を入れていくことがポイントです。

毛糸を格子状に刺す

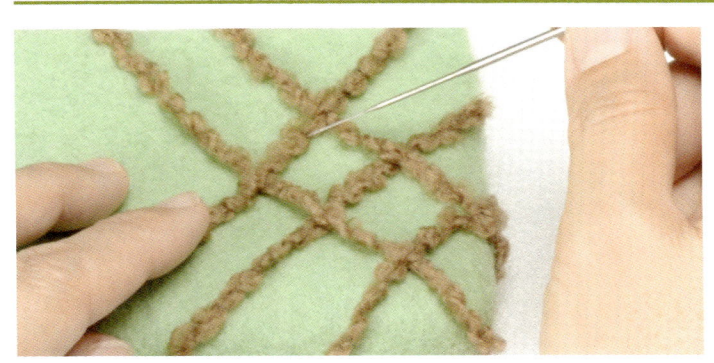

フェルト化したベースの上に毛糸で格子状の模様をつける。ポイントは毛糸の横側から刺していくこと。毛糸の立体感が残り、ベースと同系色の毛糸を使っても模様がくっきりわかる。反対に毛糸の上からニードルで刺すと、毛糸がつぶれてベースになじむので注意。

※格子柄がわかるよう作品とは違う色で作業しています

格子柄を刺す順番と均一な格子柄の刺し方

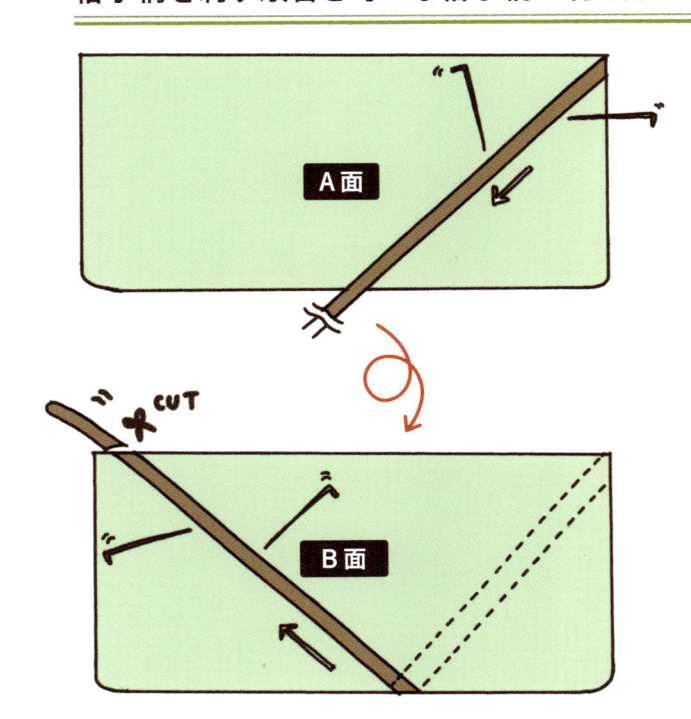

A面の右上端から左へ下がるよう斜めに刺し、反対に返してB面を表にし、左端上に向かって斜めに毛糸を刺す。
端まできたら毛糸をハサミで切り、またA面を表にして2cm間をあけ、1本目と平行に羊毛を刺していく。

〈均一な格子柄を刺すコツ〉

格子の間が2cmになるように意識すると格子状に均一に刺すことができる。

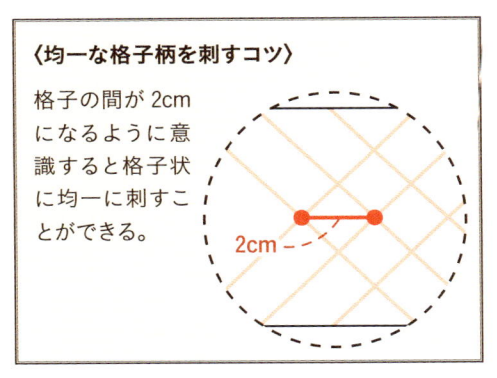

Glass case
14 眼鏡ケース　How to make → P.73　型紙 No.4

Advice

megane case

羊毛を重ねてニードルで刺した上から、さらに布で覆った「布フェルト」。布の上に少しだけ羊毛を刺しつけることで、フェルト化しやすくしています。羊毛がフェルト化すると布が縮んでシワができます。布と一緒にフェルト化するので、お湯とせっけんの工程で布と羊毛がしっかりフェルト化するまで作業しましょう。

布と羊毛を一緒にフェルト化する方法

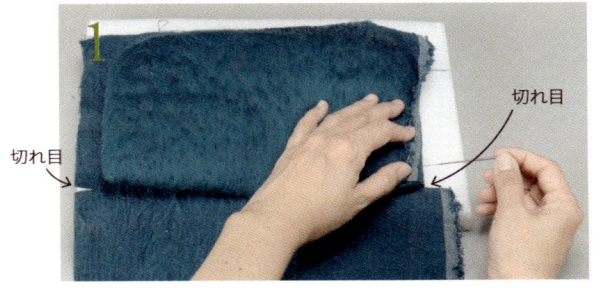

1 切れ目 切れ目
ニードルで刺したベースを、外表にした布の上に置き、写真のように切れ目を入れて両端を内側に折り込む。

2
羊毛の上に布をかぶせたら、布の上に羊毛を所々に薄く置き、ニードルで刺して布を固定する。

3
ひっくり返したら両端は写真のように折り込み、上から羊毛を置いて刺してくっつける。もう一方の面も、羊毛を所々に置いて刺し、布を固定する。

4
この状態でお湯とせっけんでフェルト化する。

5
保存袋から羊毛を取り出し、口金(または型紙)をあてて形通りにハサミでカットする。

6
もう一度保存袋に入れ、切り口をお湯とせっけんでフェルト化し、羊毛と布がしっかりくっつくようにする。

Tablet case
15 タブレットケース
How to make → P.73 型紙 No.5

Advice

Tablet case

「なかなか気に入ったタブレットケースが見つからなくて……」と
いう話を聞くことが多く、ならばと、自分の好きな色でそれも扱いやすい羊毛で
タブレットケースを作ってみました。スパンコールがついた糸をランダムに巻いて
羊毛を上から刺したので、ほつれが気にならず、ニードルで補修も可能です。

飾り糸のつけ方

1
お湯とせっけんでフェルト化したベースに、飾り糸をランダムに巻く。巻き始めと巻き終わりを深く刺して糸を固定する。

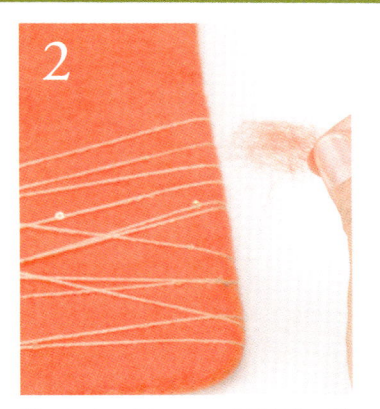

2
巻いた糸の上にベースと同じ色の羊毛を薄く置く。なるべく糸が交差している所に置くこと。

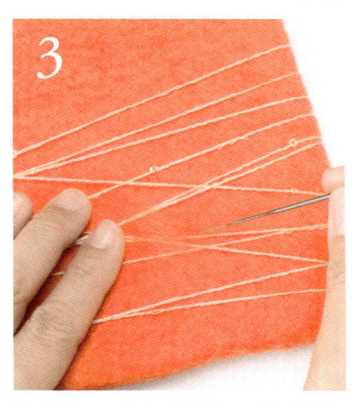

3
羊毛をニードルで刺す。これを所々に行い、飾り糸をベースに固定する。

POINT!

● 形が歪んでしまった場合の対処法 ●

× 底が歪んでいる

○ 底がまっすぐになっている

長方形のものをつくるとき、口金を入れる工程で左写真上のように形が歪んでしまう場合があります。
口金の「ひねり」の部分から、左右に少しずつ切り口を口金の溝へ入れていくようにしましょう。
また、このような歪みを防ぐ工程でのポイントは2点あります。

① ニードルフェルトの工程では、型紙に沿ってしっかり羊毛を折り返すこと。
② お湯とせっけんのフェルトが終わった段階で歪んでいないかを確認してサイズを測り、もし歪んでいたら、アイロンをかけて半乾きの状態にしてから引っ張って形を整えること。

Wool work porch
16 羊毛刺繍のがまぐち

How to make → P.74　型紙 No.6

赤

青

Advice

「とける下絵シート」を使うと下絵通りに羊毛刺繍することが出来ます。
1枚目は全体の輪郭を、2枚目以降は色や模様を描いてその上から刺していきます。
最後は水で濡らしてシートを溶かして出来上がり。今まで羊毛刺繍では難しかった
好みのイラストや難しい絵をそのまま再現することができる、スペシャルな素材です。

「とける下絵シート」を使った羊毛刺繍

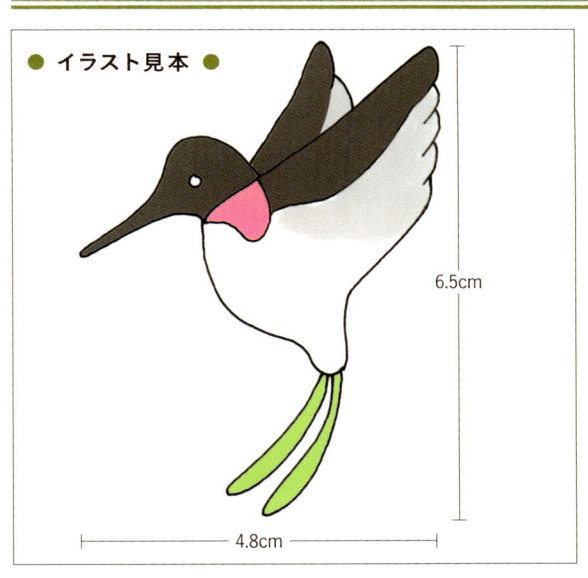

● イラスト見本 ●

6.5cm
4.8cm

1 「とける下絵シート」に下絵を写す。全体の輪郭を水性ペンで描いていく。

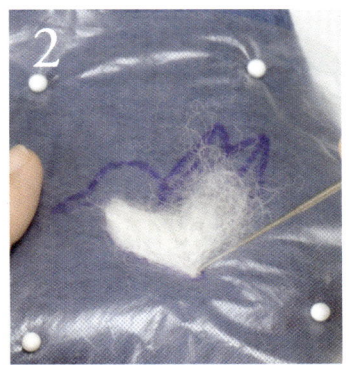

2 描き写したものをベースの刺繍したいところに置き、プッシュピン等で固定する。モチーフのもっとも色の多い部分（鳥の場合は体全体の白）の羊毛を上から置いて型通りに刺す。

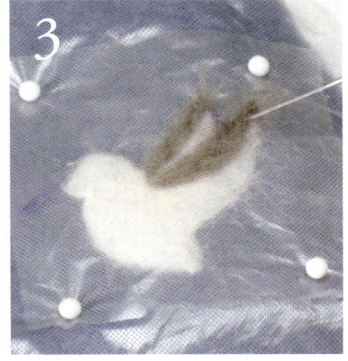

3 次に色を重ねたいところをシートに写して切り抜き、写真のようにモチーフの上に重ね、羊毛を刺す。

4 色の数だけ切り抜いた水溶性シートを重ねて羊毛を刺す。最後に水で濡らして、シートをとかし、乾かしたらラインストーンをボンドでつけて完成。

Woolcloth porch
17 布フェルトのポーチ

How to make → P.75　型紙 No.7

Advice

『眼鏡ケース』と同じように羊毛と布を一緒にフェルト化する方法を、「布フェルト」と言います。一緒にフェルト化する布の縮み具合で色々な表情を見せてくれます。ポーチのマチは内側に折り込んで縫いつけて作ってあり、そのマチの大きさによっても形が変わります。布と羊毛の境目に羊毛を置いてフェルト化すると、境目が目立たなくなります。

布と羊毛の境目を目立たせない方法

布
フェルト

下がフェルトで上が布という異素材の組合せ（写真左）。羊毛と布を一緒にフェルト化して一体化させているので、縫い目がなく、境目も自然な仕上がり。

1 型通りに切り取った布を、ニードルで刺したベースの上に置き、その上に同色（この作品の場合はピンク）の羊毛を所々に薄く置いてニードルで刺し、布とニードルを軽く固定する。

2 そのまま保存袋に入れ、お湯とせっけんでフェルト化していく。羊毛が縮まるとともに、布にシワが寄っていく。

Bag with lace
18 レースのがまぐち
How to make → P.76　型紙 No.8

Advice

race no gamaguchi

ニット用のレースを使った羊毛のエレガントなバッグです。レースの穴部分に羊毛をかぶせ刺して固定。刺した部分以外が本体と一緒にフェルト化しないようにレースと本体の間に緩衝材を挟んでフェルト化していきます。少し大きめの作品なので、しっかり時間をかけてフェルト化を進め、形が歪まないようにバランスよく転がしましょう。

レースのつけ方

フェルト

レース

レースの穴を使って、縫わずに羊毛を絡ませているので、縫い目がなく、シンプルでエレガントな仕上がりに。

1
ニードルでフェルト化したベースにレースをのせ、レースの上部分に羊毛をかぶせて刺して固定する。

2 挟み込んだ緩衝材
ベースとレースの間にレースのサイズにカットした緩衝材（材料外）を挟む。

3
②を保存袋に入れ、お湯とせっけんでフェルト化する。緩衝材を挟むことで、レースの一部だけがベースとくっつく。

Clutch bag
19 クラッチバッグ

How to make → P.77　型紙 No.9

Advice

crutchi bag

センターにポケットがついた、クラッチバッグにも手提げバッグにもなる2wayタイプです。開いた状態でフェルト化を進め、ふたつに折った状態のまま乾かすと折りぐせがつきます。ポケットの形は型紙の大きさや形を自由に変えて楽しむこともできます。

ポケットをつける

開いた状態だと、ポケットが見える手提げバッグに。

1 羊毛を1層並べた上にポケットサイズの型紙をポケットをつけたい所定の位置に置き、その上から2層目を並べ、基本の手順にそってお湯とせっけんでフェルト化する。

2 フェルト化したらポケットの型紙を置いたあたりを指でなぞり、その部分をハサミで切って、型紙を取り出す。出来たフチはお湯とせっけんでフェルト化してなじませる。

口金のかがり方

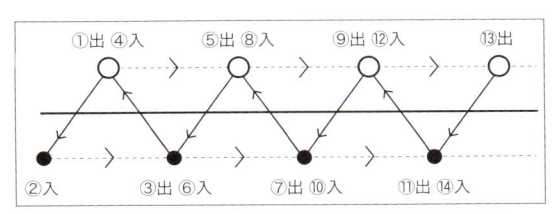

①出 ④入   ⑤出 ⑧入   ⑨出 ⑫入   ⑬出
②入 ③出 ⑥入 ⑦出 ⑩入 ⑪出 ⑭入

針は①に出て②に入り、③に出て④に入る。これを繰り返し、糸がジグザグになるように口金をかがる。

Parent and child clasp
20 親子口金

How to make → **P.78** 型紙 No.10

Advice

oyako kuchigane

口金を開けると中にもうひとつ口金があるものを、親子口金といいます。
羊毛フェルトならひとつの型紙を使って親子口金のがまぐちを作ることができます。
片側を内側に入れ込んでふたつの口金に合うように縦の長さを調整します。
底はしっかり細かくかがり縫いすることがポイントです。

ひとつの型紙から親子口金のがまぐちを作る

1
型紙通りに羊毛を並べてフェルト化する。写真はフェルト化した状態のもの。

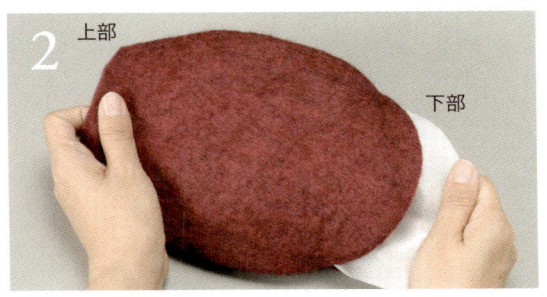

2 上部 / 下部
上部と下部をそれぞれハサミでカットし、上部から型紙を取り出し、出来上がりサイズまでフェルト化する。

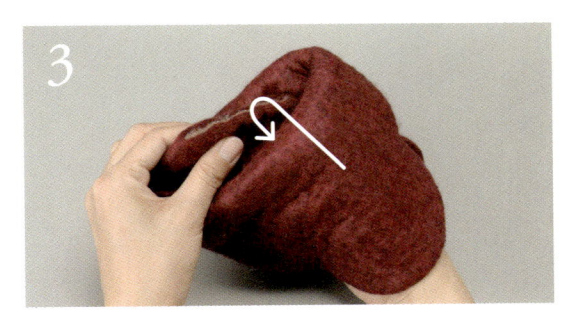

3
下部を中に折り込む。

4
口金を当て、外と中の口金が同時にはまるように折り込んだ部分を調整する。

5
形が決まったら口金をはめた状態で自然乾燥させ、その後、ボンドで本づけする。

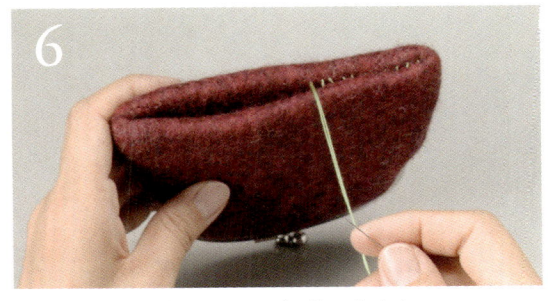

6
底が割れたままなので、かがり縫いをする。

手提げにも。

Square box ［応用1］
21 がまぐちボックス

How to make → P.79　型紙 No.11

Advice

gamaguchi box

発泡スチロールのボールを四角のマットに替えた応用作品。
角があるのでボールのように転がすことができません。
全体が均等にフェルト化するためには、
1面ごと、しっかりなでることが重要です。

立体の型を作り、羊毛を巻く

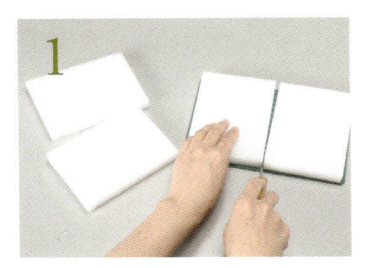

1 A4サイズのニードルマットを4等分にカットする。

2 そのうちの3枚を重ねて両面テープで張り合わせる。

3 フェルケットを写真のように巻く。

4 両側のあいたところを覆うようにフェルケットを適宜ちぎって刺す。

5 羊毛を1面ずつ縦と横に並べて刺す。全体が2層になったらお湯とせっけんでフェルト化する。

Square case [応用2]
22 スクエアケース

How to make → P.79　型紙 No.12

ハトメのあけ方

Advice

ハトメで穴をあけた四角いケース。3種類のハトメをランダムにつけて、金糸で刺繍をして自由に遊んでみましょう。『がまぐちボックス』と同じ作り方ですが、角にひねりがついている口金を使っているので、切り口が曲がらないようにすることがポイントです。

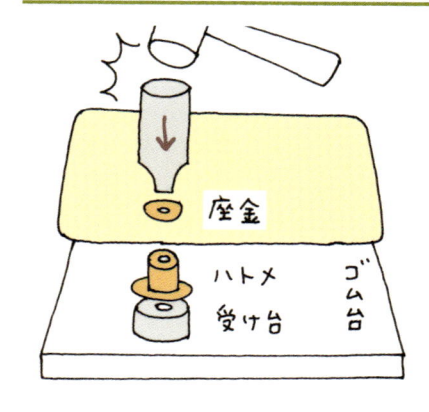

穴をあける「穴あけ」はスクリュー式や、刃のついた穴あけ道具を使う。羊毛の場合は生地が厚いので、うまくつかないときはハトメの足の長いものを使うようにする。

Basic knowledge 2

ボール型と型紙に共通する道具

写真左上より：アイロン / メジャー（定規）/ フェルト羊毛専用ソープ / 小さめのジョーロ / タオル（2枚）/ はかり / ハサミ / ニードル（極細タイプ）/ フェルティング用・ニードルホルダー（2本用）/ 目打ち

あると便利な道具（型紙のみ）

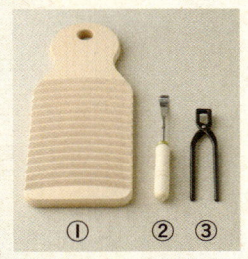

① 洗濯板
この上でお湯とせっけんの作業をするとフェルト化の進みが早まります。

② ハメネン
切り口を口金にはめるときに、使うと便利です。

③ 口金つぶし
切り口を口金に入れたあと、口金の足の両端を抑える時ときに使います。

準備するもの

❶ 緩衝材 / フェルティングマットカバー A4 サイズ
型紙として使用します。

❷ ジッパーつき保存袋 この中でフェルト化していきます。
使用する大きさの目安として型紙を袋の下 左右中央に置いたとき左右各5cm、ジッパーより15cmあきがあるもの。大きさによっては「衣類用圧縮袋」を使います。透明で空気栓などの突起がないものを選ぶこと。

❸ がまぐち専用ボンド 口金をつけるときに使います。

❹ 竹串
口金にボンドを塗るときに使います。

❺ 紙紐
口金をつけるときに、厚みの調整で使います。

❻ 巻きす（予備） 指定のサイズまでどうしても縮まらない場合にこれに巻いて転がし、フェルト化を進めます。

❼ 菜箸（長いもの）
お湯とせっけんのフェルト化のときに、転がしにくい場合、ジッパーの間に挟んで芯にするとよいでしょう。

本書で使用する羊毛

〔Solid〕フェルト羊毛ソリッド
メリノウール100％。スタンダードな染色羊毛です。

No.1	白
No.2	ピンク
No.4	青
No.5	黄色
No.6	濃ピンク
No.8	深緑
No.9	黒
No.16	オレンジ
No.22	薄ピンク
No.24	赤
No.27	黄緑
No.30	アッシュブラウン
No.37	サーモンピンク
No.39	青
No.41	こげ茶
No.45	レモンイエロー
No.48	紫
No.54	ライトグレー
No.56	ピンク
No.57	紫
No.58	青
No.60	黄緑

〔Natural Blend〕ナチュラルブレンド
ウール100％。

No.801	白
No.803	ベージュ
No.805	グレー
No.806	ダークグレー
No.815	ライトブルー
No.824	ターコイズ
No.832	ライトオレンジ
No.834	赤

〔MIX〕フェルト羊毛ミックス
メリノウール100％。4～5色の染色羊毛を混ぜた深みのある色合い。

No.202	ミックスピンク
No.210	グレー
No.215	えんじ色
No.220	茶色

〔Colored Wool〕カラードウール
羊の毛の色や風合いをそのまま残しています。

No.719	スカードウール・メリノ
No.720	スカードウール・ブラックメリノ

〔Candy nep〕キャンディネップ
カラフルなネップが愛らしい羊毛です。

No.501	フルーツヨーグルト
No.503	クリームソーダ

〔Felket Mix〕フェルケット ミックス
シート羊毛。深い色味が特徴。

No.404 (204L)	茶色
No.201 (L)	白
No.206 (L)	ダークグレー

〔Felket Solid〕フェルケットソリッド
スタンダードなシート羊毛。

No.301	クリーム
No.303	水色
No.304 (104L)	ピンク
No.305	青
No.310	茶色
No.316	白
No.318	ローズピンク
No.319	赤

※本書の作品は、上記のハマナカ製品を使用しています。「発泡スチロールのボールで作るがまぐち」は少量なので、ハマナカ製品の小分けアソートパック「ウールキャンディ」を使っています。使用しているウールキャンディのシリーズ名はHow to makeの各作品の材料欄に明記しています。
※フェルケットはMサイズを基本とし、「Mサイズ」とは明記していません。LサイズはHow to make材料欄でもLサイズと明記しています。

How to make〔始める前に〕

次のページから各作品の材料と手順を紹介していきます。基本の作り方とAdviceをしっかり読んでトライしましょう！

- 「発泡スチロールのボールで作る 基本の小さながまぐち 作り方」（P.07）と「型紙で作る基本のがまぐち カードケース 作り方」（P.37）をそれぞれ読んで、基本の流れを把握しておきましょう。
- 作り始める前に、各作品のAdviceとHow to makeを確認しましょう。
- 必要な道具は、ボールは「Basic Knowledge 1」（P.30）、型紙は「Basic Knowledge 2」（P.63）、各作品に必要な材料はHow to make材料欄で確認してください。
- 作品はすべてハマナカの羊毛を使用しています。How to makeでは材料欄に羊毛やフェルケットの色番号のみ明記しています。羊毛の種類は本ページ上記の「本書で使用する羊毛」を確認してください。
- 作品で使用している口金や糸は、ハマナカ製のものは⒣と明記しています。
- 「型紙で作るがまぐち」は巻末「原寸大型紙」を使用して型紙を作りましょう。
- 口金表記例：H207-005-2/ 銀 /⒣。それ以外は色を明記しています。

1

基本の小さながまぐち 4color
{ P.06 }

Small coin purse of basic 4color

[完成サイズ]
各縦5cm(口金含む)×横4.5cm

材料
★羊毛はウールキャンディ[ティーンカラー]で全色作れます。
羊毛:56(ピンク)、57(紫)、58(青)、60(黄緑) 各3.5g
全色共通の材料
フェルケット:316(白) 4.5cm×15cm×2枚
発泡スチロールボール:直径4.5cm/4cm
口金:外径横約4cm×縦約2.5cm (H207-015-1/金/◯)

手順 基本の小さながまぐち 作り方(P.08)参照。

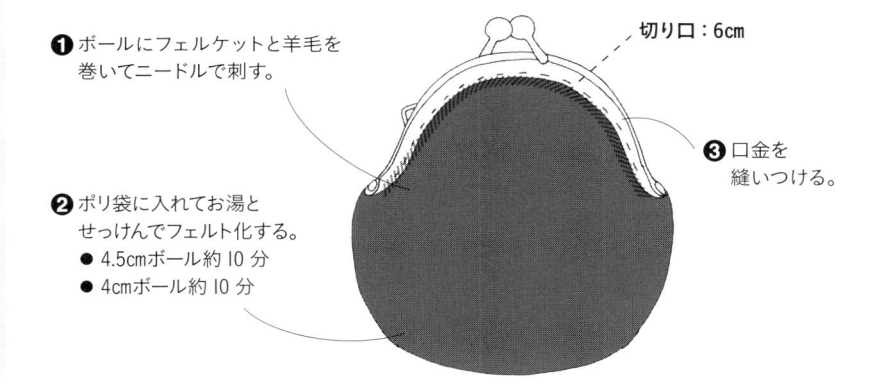

❶ ボールにフェルケットと羊毛を巻いてニードルで刺す。

❷ ポリ袋に入れてお湯とせっけんでフェルト化する。
- 4.5cmボール約10分
- 4cmボール約10分

❸ 口金を縫いつける。

切り口:6cm

2

ぽってりした小さながまぐち
{ P.12 }

Small coin purse of chubby

[完成サイズ]
各縦4.5cm(口金含む)×横5cm(最大幅)

材料
★羊毛はウールキャンディ[ダークグレイッシュ]で全色作れます。
羊毛:30(アッシュブラウン)、210(グレー) 各3.5g
全色共通の材料
フェルケット:404(茶色) 4.5cm×15cm×2枚
発泡スチロールボール:直径 4.5cm/4cm
口金:外径横約 4cm×縦約 2.5cm (H207-015-4/アンティーク/◯)

手順 基本の小さながまぐち 作り方(P.08)、P.13参照。

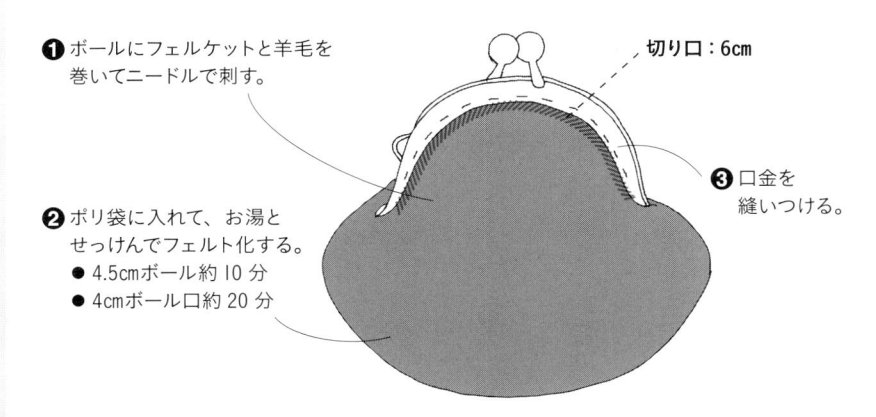

❶ ボールにフェルケットと羊毛を巻いてニードルで刺す。

❷ ポリ袋に入れて、お湯とせっけんでフェルト化する。
- 4.5cmボール約10分
- 4cmボール口約20分

❸ 口金を縫いつける。

切り口:6cm

How to make 65

3 ピンクのグラデーション
{ P.14 }

Pink gradation

[完成サイズ]
各縦5cm（口金含む）×横4.5cm

材料
★羊毛はウールキャンディ［オーキッドピンク］で全色作れます。
【濃いピンク】
羊毛：［ベース］801（白）3.5g、［グラデーション］6（濃ピンク）少量
スワロフスキー#5328クリスタル4mm：20個
【薄いピンク】
羊毛：［ベース］22（薄ピンク）3.5g、［グラデーション］202（ミックスピンク）少量
パールビーズ3mmホワイト：20個
全柄共通の材料
フェルケット：304（ピンク）4.5cm×15cm×2枚
発泡スチロールボール：直径4.5cm／4cm
口金：外径横約4cm×縦約2.5cm（H207-015-4／金／○）

手順 基本の小さながまぐち 作り方（P.08）、P.15参照。

① ボールにフェルケットと羊毛を巻いてニードルで刺す。
② グラデーション模様を刺す。
③ ポリ袋に入れてお湯とせっけんでフェルト化する。
● 4.5cmボール約10分
● 4cmボール約10分

切り口：6cm

④ スワロフスキーやパールビーズが通る針を使って、ビーズを通しながら口金を縫いつける。

---

4 水玉模様のがまぐち3種
{ P.16 }

Polka dots 3type

[完成サイズ]
各縦5.5cm（口金含む）×横6cm（最大幅）

材料
★羊毛はウールキャンディ［シュクル・2カラー］で「赤／白水玉」「白／赤水玉」が作れます。
【赤／白水玉】
羊毛：［ベース］834（赤）5g、［水玉］1（白）1g
【白／赤水玉】
羊毛：［ベース］1（白）5g、［水玉］834（赤）1g
【黄緑／白水玉】
羊毛：［ベース］27（黄緑）5g、［水玉］1（白）1g
全柄共通の材料
フェルケット：316（白）5cm×15cm×2枚
発泡スチロールボール：直径5.5cm／5cm
口金：外径横約5cm×縦約4cm

手順 基本の小さながまぐち 作り方（P.08）、P.17参照。

アレンジ ベースをお湯とせっけんでフェルト化し、完全に乾かしてからニードルで水玉を刺すと、さらにはっきりした水玉になる。

【赤／白水玉】ぼやけた水玉
① ボールにフェルケットと羊毛を巻いてニードルで刺す。
② 水玉を刺す。
③ ポリ袋に入れてお湯とせっけんでフェルト化する。
● 5.5cmボール約10分
● 5cmボール約10分

切り口：7cm
④ 口金を縫いつける。
ベース：834（赤）
水玉：1（白）

【白／赤水玉】はっきりした水玉
ベース：1（白）
水玉：834（赤）

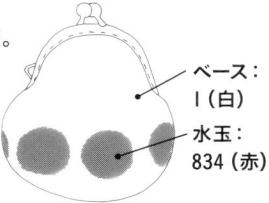

【黄緑／白水玉】はベース：27（黄緑）、水玉：1（白）で【赤／白水玉】と同じ間隔で刺す。水玉模様ははっきりさせること。

5
ネコ柄：
サバ・ミケ・トラ
{ P.18 }

Cat pattern : brown tabby ·
calico · red tabby

［完成サイズ］
各縦6cm（口金含む）×
横5.5cm（最大幅）

材料

【サバ】
羊毛：［ベース］1（白）5g、［柄］9（黒）/805（グレー）各少量1g弱

【ミケ】
羊毛：［ベース］1（白）5g、［柄］41（こげ茶）/803（ベージュ）各少量

【トラ】
羊毛：［ベース］832（ライトオレンジ）5g、
［柄］220（茶色）1g、801（白）少量

全柄共通の材料
フェルケット：316（白）5cm×15cm×2枚
発泡スチロールボール：直径各5.5cm/5cm
口金：外径横約5cm×縦約4cm

手順 基本の小さながまぐち 作り方（P.08）、P.18、19参照。

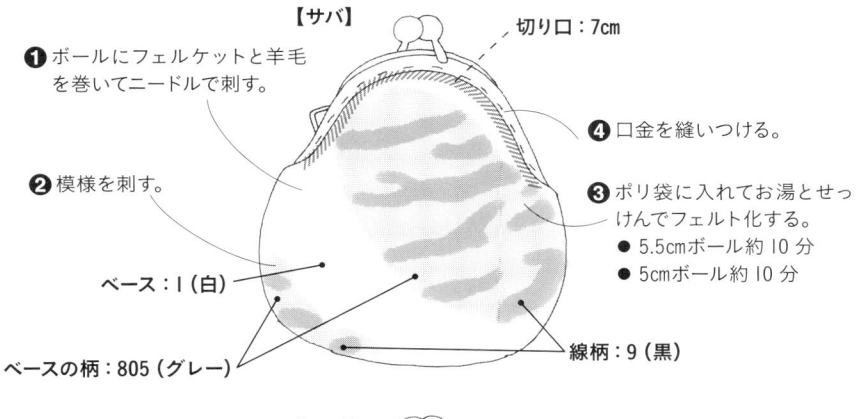

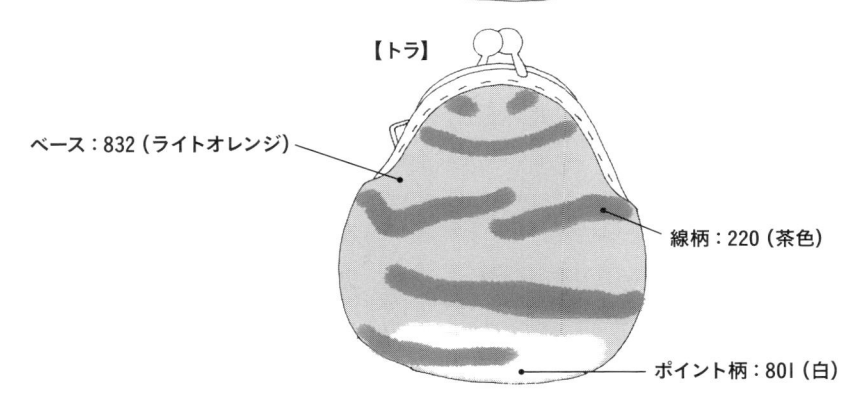

【サバ】
❶ ボールにフェルケットと羊毛を巻いてニードルで刺す。
❷ 模様を刺す。
❸ ポリ袋に入れてお湯とせっけんでフェルト化する。
● 5.5cmボール約10分
● 5cmボール約10分
❹ 口金を縫いつける。

切り口：7cm
ベース：1（白）
ベースの柄：805（グレー）
線柄：9（黒）

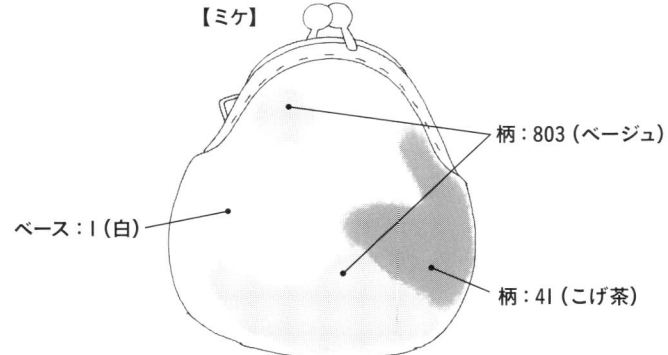

【ミケ】
ベース：1（白）
柄：803（ベージュ）
柄：41（こげ茶）

【トラ】
ベース：832（ライトオレンジ）
線柄：220（茶色）
ポイント柄：801（白）

How to make 67

6 バイカラーのがまぐち
{ P.20 }

Bicolored

[完成サイズ]
各縦約7cm（口金含む）×横6.5cm（最大幅）

材料

【ピンク/茶】
フェルケット：[ベース] 304（ピンク）7cm×30cm×3枚、
[柄] 310（茶色）20cm×5cm×1枚
口金：外径約6.5cm×縦約3.5cm（H207-005-2/銀/⦿）

【赤/クリーム】
フェルケット：[ベース] 319（赤）7cm×30cm×3枚、
[柄] 301（クリーム）20cm×3cm×1枚
口金：外径約6.5cm×縦約3.5cm（H207-005-2/金/⦿）

全柄共通の材料
発泡スチロールボール：直径7cm/6.5cm

手順 基本の小さながまぐち 作り方（P.08）、P.21 参照。

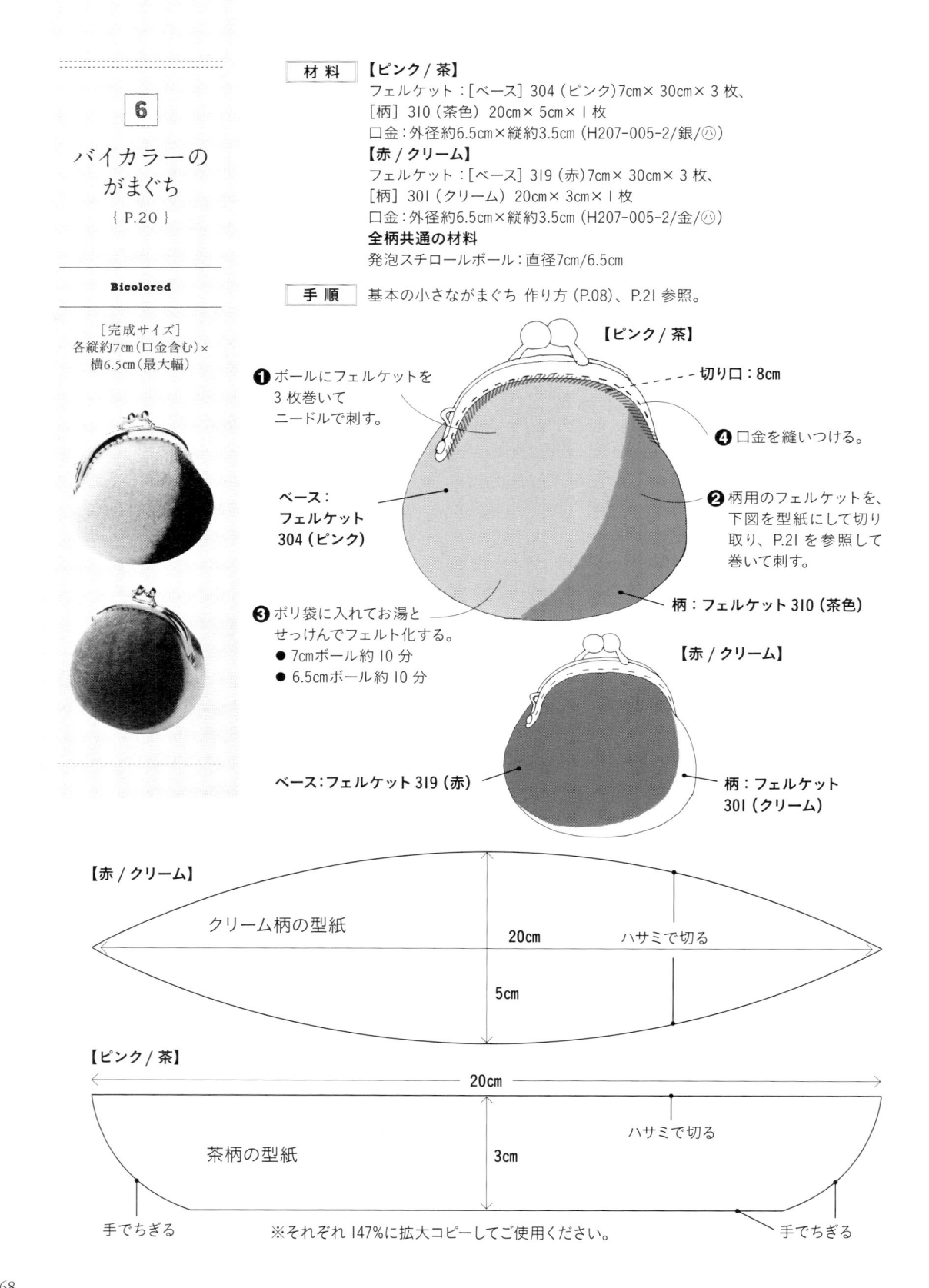

【ピンク/茶】

❶ ボールにフェルケットを3枚巻いてニードルで刺す。

❹ 口金を縫いつける。

切り口：8cm

ベース：フェルケット 304（ピンク）

❷ 柄用のフェルケットを、下図を型紙にして切り取り、P.21を参照して巻いて刺す。

❸ ポリ袋に入れてお湯とせっけんでフェルト化する。
● 7cmボール約10分
● 6.5cmボール約10分

柄：フェルケット 310（茶色）

【赤/クリーム】

ベース：フェルケット 319（赤）

柄：フェルケット 301（クリーム）

【赤/クリーム】
クリーム柄の型紙
20cm
5cm
ハサミで切る

【ピンク/茶】
20cm
茶柄の型紙
3cm
ハサミで切る
手でちぎる

※それぞれ147％に拡大コピーしてご使用ください。

7 ボーダーとストライプ
{ P.22 }

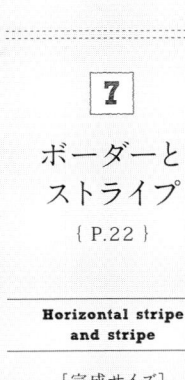

Horizontal stripe and stripe

[完成サイズ]
各縦約7cm（口金含む）×横6.5cm（最大幅）

材料
★羊毛はウールキャンディ[フレンチカフェ]でストライプが作れます。
【ストライプ】
羊毛：[ベース] 1（白）10g、[柄] 37（サーモンピンク）2g / 824（ターコイズ）1g
【ボーダー】
羊毛：1（白）10g、コットン糸：フラックスK18（青）㋐ 約3m
全柄共通の材料
フェルケット：316（白）7cm×30cm×2枚
発泡スチロールボール：直径7cm/6.5cm
口金：外径横約6.5cm×縦約3.5cm（H207-005-2/銀/㋐）

手順 基本の小さながまぐち 作り方（P.08）、P.23参照。

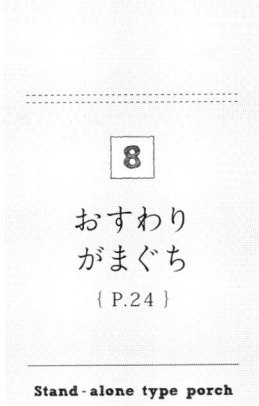

❶ ボールにフェルケットとベースの羊毛を巻いてニードルで刺す。
❷ ストライプを5mm間隔で刺す。
❸ ポリ袋に入れてお湯とせっけんでフェルト化する。
● 7cmボール約10分
● 6.5cmボール約10分

【ストライプ】
切り口：8cm
❹ 口金を縫いつける。
ベース：1（白）
太いライン：37（サーモンピンク）
細いライン：824（ターコイズ）

【ボーダー】
ベース：1（白）
ライン：フラックスK18（青）
1cm

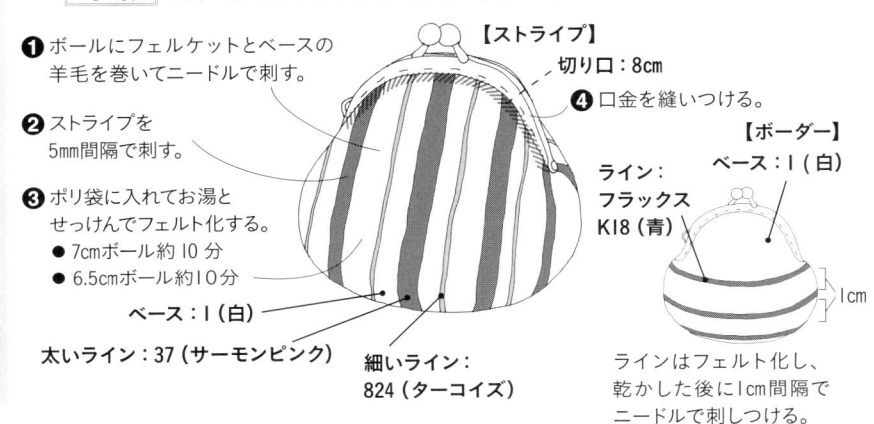

ラインはフェルト化し、乾かした後に1cm間隔でニードルで刺しつける。

8 おすわりがまぐち
{ P.24 }

Stand-alone type porch

[完成サイズ]
各縦約6cm（口金含む）×横6.5cm（最大幅）

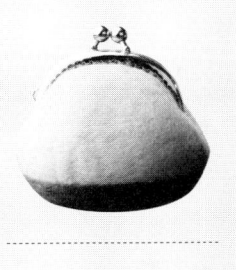

材料
★羊毛はウールキャンディ[デイジーカラー]で全柄作れます。
【黄色/青】羊毛：5（黄色）6g　4（青）2.5g
フェルケット：301（クリーム）7cm×30cm×2枚
【黄色】羊毛：5（黄色）7g、フェルケット：301（クリーム）7cm×30cm×2枚
【青緑】羊毛：8（深緑）7g、フェルケット：303（水色）7cm×30cm×2枚
全柄共通の材料
発泡スチロールボール：直径7cm/6.5cm
口金：外径横約6.5cm×縦約3.5cm（H207-005-2/銀/㋐）

手順 基本の小さながまぐち 作り方（P.08）、P.25参照。

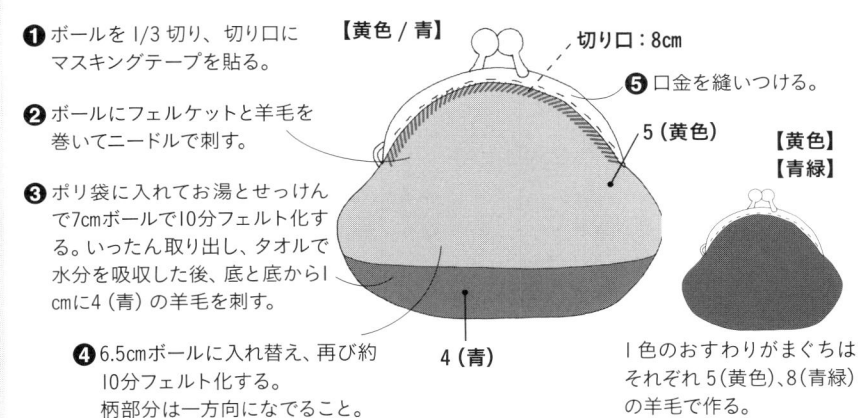

❶ ボールを1/3切り、切り口にマスキングテープを貼る。
❷ ボールにフェルケットと羊毛を巻いてニードルで刺す。
❸ ポリ袋に入れてお湯とせっけんで7cmボールで10分フェルト化する。いったん取り出し、タオルで水分を吸収した後、底と底から1cmに4（青）の羊毛を刺す。
❹ 6.5cmボールに入れ替え、再び約10分フェルト化する。柄部分は一方向になでること。

【黄色/青】
切り口：8cm
❺ 口金を縫いつける。
5（黄色）
4（青）

【黄色】【青緑】
1色のおすわりがまぐちはそれぞれ5（黄色）、8（青緑）の羊毛で作る。

9

2色の モコモコループ
{ P.26 }

Two color fluffy loop

[完成サイズ]
各縦6cm(口金含む)×
横6.5cm(最大幅)

材料

【白】
羊毛：1（白）5g、毛糸：フェルティングヤーン・ループ生成 約7m
口金：外径横約6.5cm×縦約3.5cm（H207-005-4/金/㊤）

【グレー】
羊毛：1（白）5g、毛糸：フェルティングヤーン・ループうす茶 約7m
口金：外径横約6.5cm×縦約3.5cm（H207-005-1/アンティーク/㊤）

全柄共通の材料
フェルケット：316（白）5cm×15cm×2枚
発泡スチロールボール：直径5.5cm/5cm

手順 基本の小さながまぐち 作り方（P.08）、P.27参照。

❶ ボールにフェルケットを巻いてニードルで刺す。

❷ 羊毛を巻いて刺す。上から毛糸を植毛するので表面をきれいに仕上げなくてもOK。

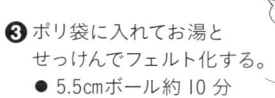

❸ ポリ袋に入れてお湯とせっけんでフェルト化する。
● 5.5cmボール約10分
● 5cmボール約10分

【グレー】
・刺し始め
切り口：7cm
❺ 口金を縫いつける。
❹ 毛糸を植毛する。
ループうす茶

【白】
白は「ループ生成」の毛糸を植毛する。

10

スカードウール
{ P.28 }

Scoured wool

[完成サイズ]
各縦8cm(口金含む)×
横8.5cm(最大幅)

材料

【茶】
羊毛：41（こげ茶）8g、720（スカードウール・ブラックメリノ）10g
フェルケット：404（茶色）10cm×40cm×2枚
口金：外径横約7.5cm×縦約4cm（H207-004-3/いぶし/㊤）

【白】
羊毛：1（白）8g、719（スカードウール・メリノ）10g
フェルケット：316（白）10cm×40cm×2枚
口金：外径横約7.5cm×縦約4cm（H207-008/アンティーク/㊤）

全柄共通の材料
発泡スチロールボール：直径9cm/8.5cm

手順 基本の小さながまぐち 作り方（P.08）、P.29参照。

❶ ボールにフェルケットと羊毛を巻いてニードルで刺す。

❷ 720（スカードウール・ブラックメリノ）を広げながら隙間なく刺す。

❸ ポリ袋に入れてお湯とせっけんでフェルト化する。
● 9cmボール約15分
● 8.5cmボール約15分

【茶】
切り口：11cm
❹ 口金を縫いつける。

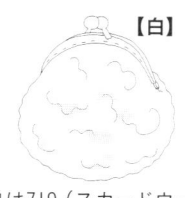

【白】
白は719（スカードウール・メリノ）を刺す。

11 基本のカードケース
{ P.36 }
型紙 No.1

Basic card case

［完成サイズ］
各縦11cm（口金含む）×横7.5cm

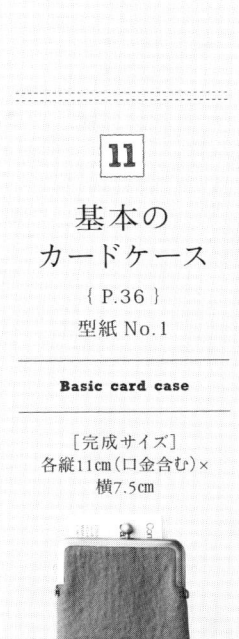

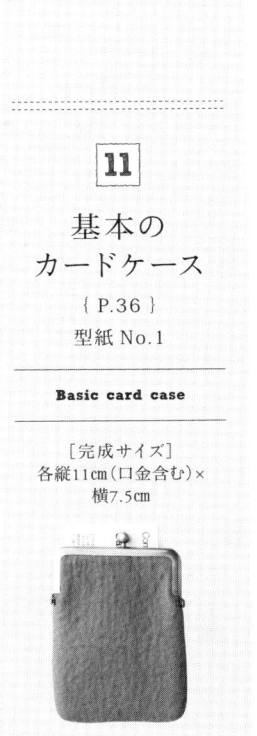

材料
【紫】羊毛：48（紫）10g、フェルケット：310（茶色）10cm×36cm×1枚
口金：外径横約7.5cm×縦約3.5cm（アンティーク）
【赤】羊毛：24（赤）10g、フェルケット：304（ピンク）10cm×36cm×1枚
口金：外径横約7.5cm×縦約3.5cm（アンティーク）
【ピンク】羊毛：2（ピンク）10g、フェルケット：304（ピンク）10cm×36cm×1枚
口金：外径横約7.5cm×縦約3.5cm（金）
※巻末の実物大型紙で型紙を作り、出来上がりサイズを確認する。

手順 基本のカードケース 作り方（P.37）参照。

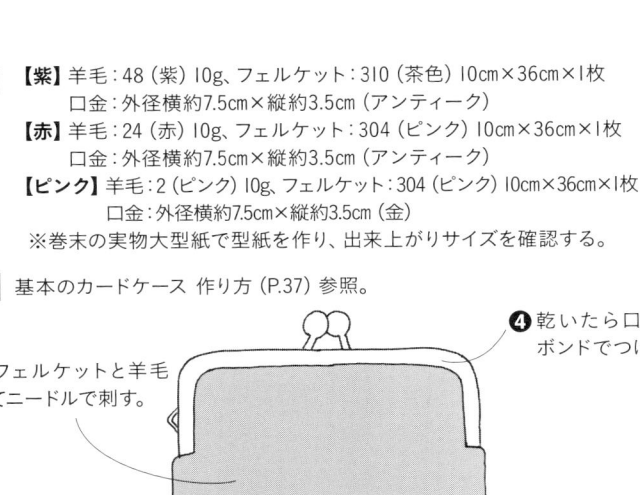

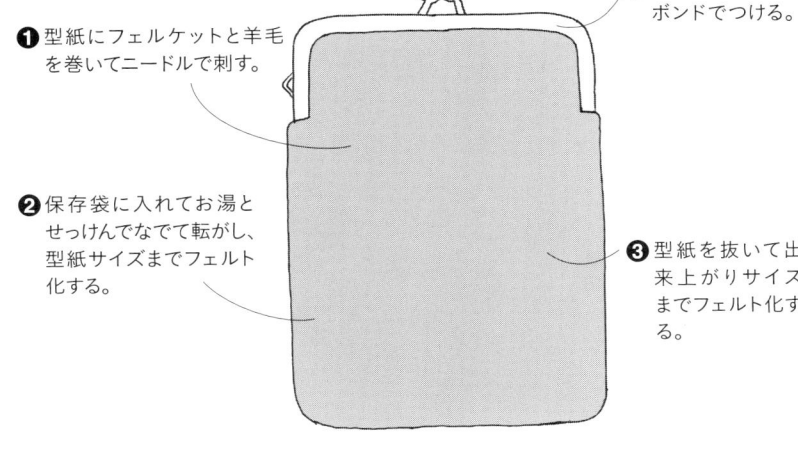

❶ 型紙にフェルケットと羊毛を巻いてニードルで刺す。

❷ 保存袋に入れてお湯とせっけんでなでて転がし、型紙サイズまでフェルト化する。

❸ 型紙を抜いて出来上がりサイズまでフェルト化する。

❹ 乾いたら口金をボンドでつける。

12 ニードルケース
{ P.42 }
型紙 No.2

Needle case

［完成サイズ］
各縦11.5cm（口金含む）×横12cm

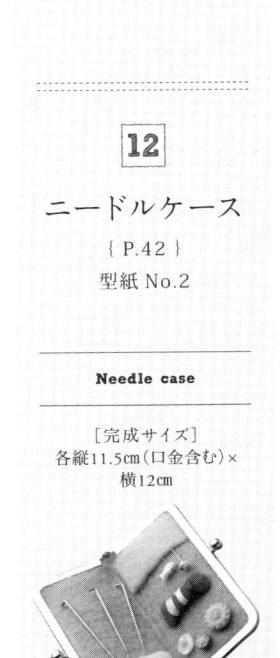

材料
【ピンク】羊毛：501（フルーツヨーグルト）8g
フェルケット：304（ピンク）15cm×14.5cm×1枚
【ブルー】羊毛：503（クリームソーダ）8g
フェルケット：305（青）15cm×14.5cm×1枚
全柄共通の材料
口金：外径横約12cm×縦約11.5cm
※巻末の実物大型紙で型紙を作り、出来上がりサイズを確認する。

手順 P.43参照。

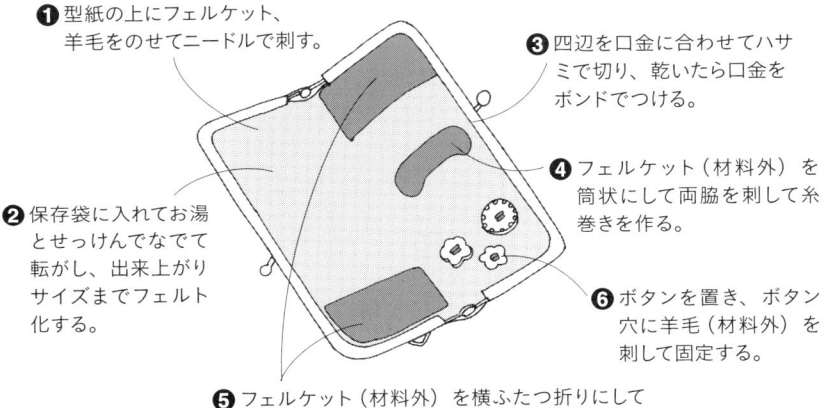

❶ 型紙の上にフェルケット、羊毛をのせてニードルで刺す。

❷ 保存袋に入れてお湯とせっけんでなでて転がし、出来上がりサイズまでフェルト化する。

❸ 四辺を口金に合わせてハサミで切り、乾いたら口金をボンドでつける。

❹ フェルケット（材料外）を筒状にして両脇を刺して糸巻きを作る。

❺ フェルケット（材料外）を横ふたつ折りにして輪が内側にくるように置き、四辺を刺す。

❻ ボタンを置き、ボタン穴に羊毛（材料外）を刺して固定する。

13 ペンケース

{ P.44 }
型紙 No.3

Pen case

［完成サイズ］
各縦9.5cm（口金含む）×横18cm

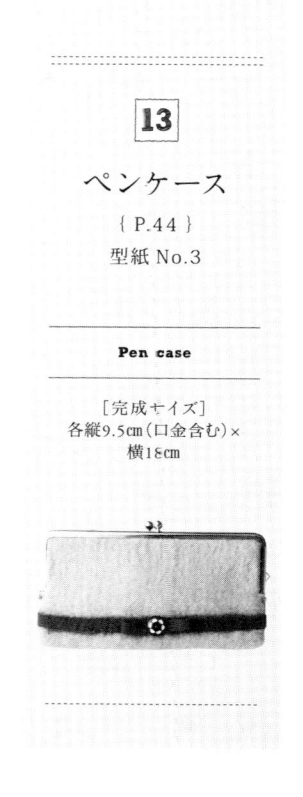

材 料

【黒の格子柄】
羊毛：9（黒）35g、フェルケット：310（茶色）22cm×22cm×1枚
毛糸：グランエトフ106㊉ 約4m
口金：外径横約18cm×縦約9.5cm（金）

【リボンモチーフ】
羊毛：54（ライトグレー）35g/41（こげ茶）1g
フェルケット：305（青）22cm×22cm×1枚、茶色いリボン：約54cm
アンティークボタン：直径1.7cm×1個
口金：外径横約18cm×縦約9.5cm（銀）
※巻末の実物大型紙で型紙を作り、出来上がりサイズを確認する。

手 順 基本のカードケース 作り方（P.37）、P.45参照。

【黒の格子柄】

❶ 型紙にフェルケットと羊毛9（黒）を巻いてニードルで刺す。

❺ 口金をボンドでつける。

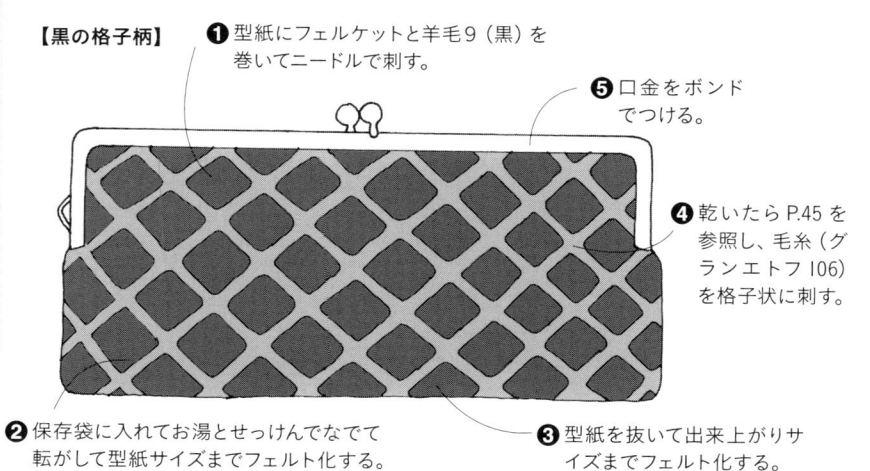

❹ 乾いたら P.45を参照し、毛糸（グランエトフ106）を格子状に刺す。

❷ 保存袋に入れてお湯とせっけんでなでて転がして型紙サイズまでフェルト化する。

❸ 型紙を抜いて出来上がりサイズまでフェルト化する。

【リボンモチーフ】

ベース：54（グレー）

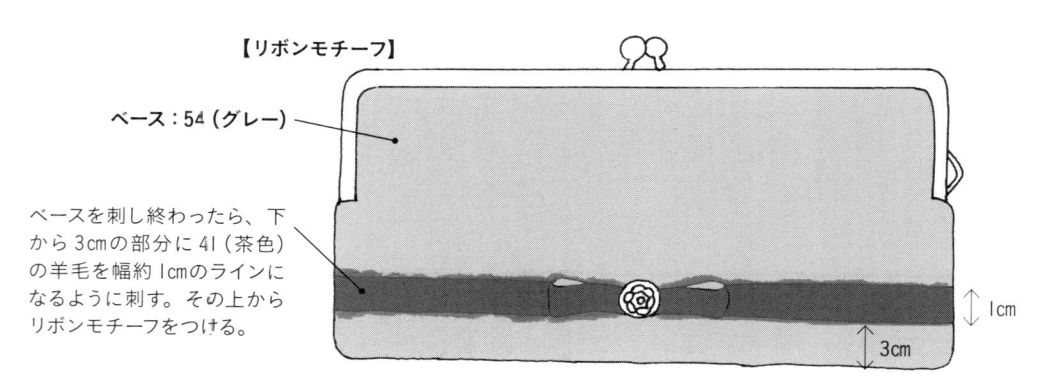

ベースを刺し終わったら、下から3cmの部分に41（茶色）の羊毛を幅約1cmのラインになるように刺す。その上からリボンモチーフをつける。

1cm
3cm

■ リボンモチーフのつけ方
お湯とせっけんでフェルト化して完全に乾いたら、リボンモチーフをつける。

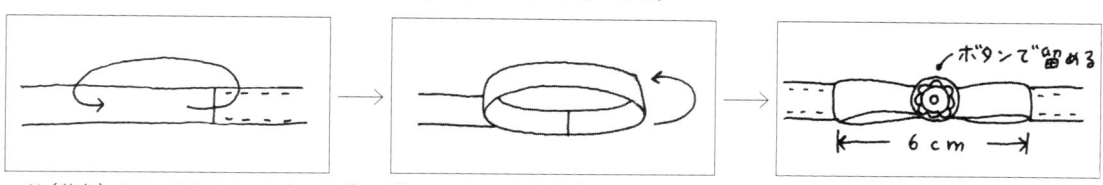

41（茶色）のフェルトラインの上にリボンを縫いつける。左右中央のところで余ったリボンをくるりと返し、左右に輪を作るように巻く。

ボタンで留める
6cm

長さ6cmのワッカを作り、左右中央にボタンを置いて縫いつけて完成。

14 眼鏡ケース

{ P.46 }
型紙 No.4

Glass case

[完成サイズ]
縦10cm（口金含む）×
横18.5cm（最大幅）

材料 羊毛：8（深緑）25g、フェルケット：318（ローズピンク）23cm×15cm×2枚
麻布（麻100%のもの）：24cm×30cm
口金：外径横約18cm×縦約5.3cm（アンティーク）
※巻末の実物大型紙で型紙を作り、出来上がりサイズを確認する。

手順 基本のカードケース 作り方（P.37）、P.47参照。

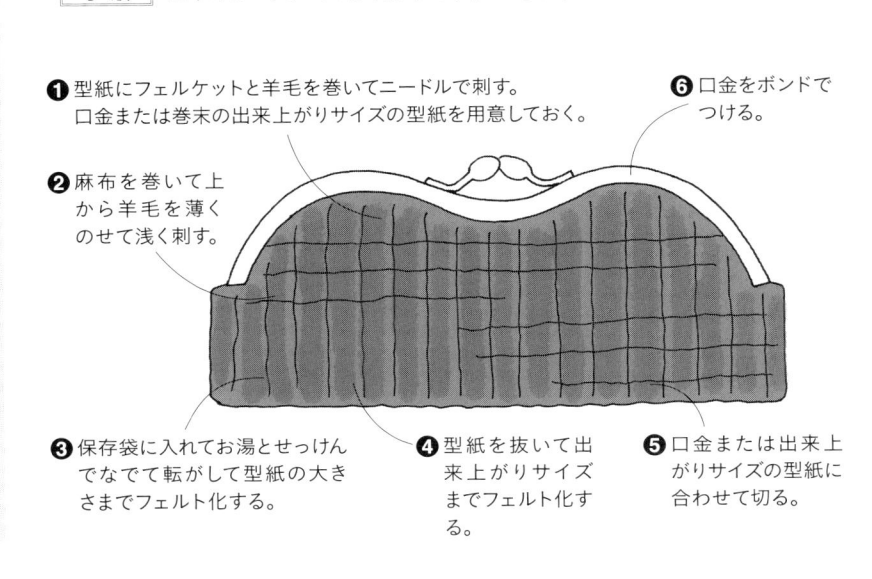

❶ 型紙にフェルケットと羊毛を巻いてニードルで刺す。口金または巻末の出来上がりサイズの型紙を用意しておく。

❷ 麻布を巻いて上から羊毛を薄くのせて浅く刺す。

❸ 保存袋に入れてお湯とせっけんでなでて転がして型紙の大きさまでフェルト化する。

❹ 型紙を抜いて出来上がりサイズまでフェルト化する。

❺ 口金または出来上がりサイズの型紙に合わせて切る。

❻ 口金をボンドでつける。

15 タブレットケース

{ P.48 }
型紙 No.5

Tablet case

[完成サイズ]
縦26cm（口金含む）×
横18cm

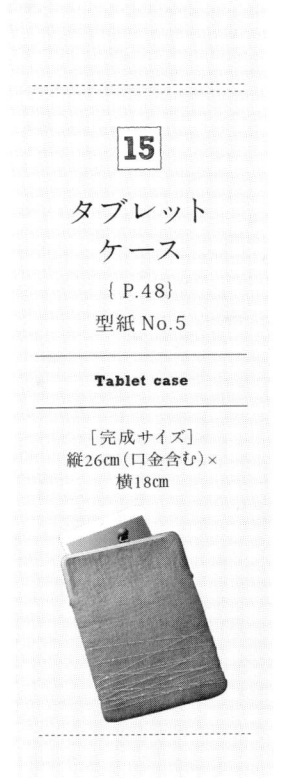

材料 羊毛：16（オレンジ）50g、フェルケット：Lサイズ204（茶色）30cm×45cm×1枚
糸：スパングラスcol.2ⓐ 適量
口金：外径横約18cm×縦約7.5cm（アンティークゴールド）
※巻末の実物大型紙を参照し、作品の型紙を用意する。

手順 基本のカードケース 作り方（P.37）、P.49参照。

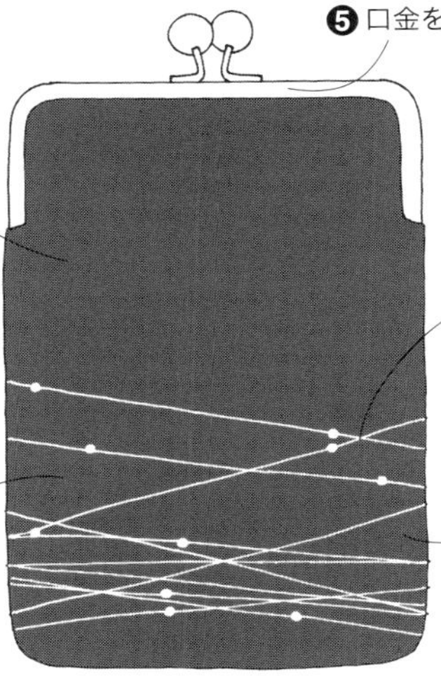

❶ 型紙にフェルケットを巻き、羊毛を置いて刺す。

❷ 保存袋に入れてお湯とせっけんでなでて転がして型紙サイズまでフェルト化する。

❸ 型紙を抜いて出来上がりサイズまでフェルト化する。

❹ 乾いたらランダムに糸（スパングラスcol.2）を巻き、糸の上にベースと同色の羊毛（材量外）を薄くのせて刺し、糸を固定する。

❺ 口金をボンドでつける。

16 羊毛刺繍のがまぐち

{ P.50 }
型紙 No.6

Wool work porch

[完成サイズ]
各縦12.5cm(口金含む)×横12cm(最大幅)

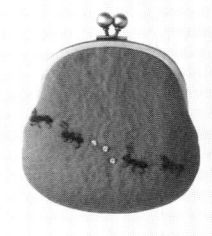

材料

【青】
羊毛：[ベース] 39（青）30g、[柄] 1（白）、30（アッシュブラウン）、210（グレー）、60（黄緑）、56（ピンク）各少量
フェルケット：303（水色）16cm×15.5cm×2枚（型紙通りにカット）
スワロフスキー・エレメント＃2058 LT.シルクSS12：1個
とける下絵シート㊥：1枚

【赤】
羊毛：[ベース] 24（赤）30g、[柄] 9（黒）少量
フェルケット：316（白）16cm×15.5cm×2枚（型紙通りにカット）
スワロフスキー・エレメント＃2058 ブラックダイヤ/F SS20：4個
スワロフスキー・エレメント＃2058 サンフラワー/F SS20：2個

全柄共通の材料
口金：外径横約9.9cm×縦約5.7cm（アンティークゴールド）
※巻末の実物大型紙で型紙を作り、出来上がりサイズを確認する。

手順

基本のカードケース 作り方（P.37）、P.51参照。

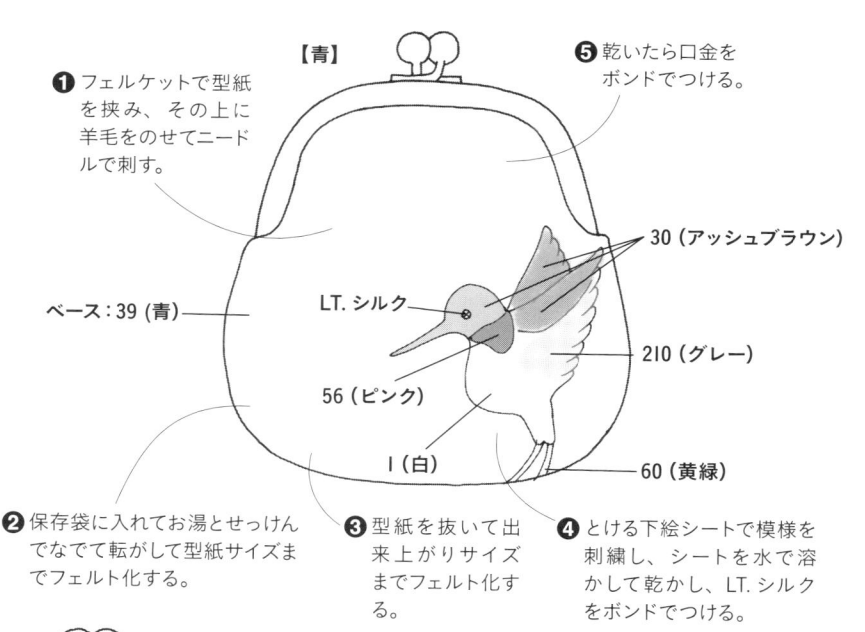

【青】
❶ フェルケットで型紙を挟み、その上に羊毛をのせてニードルで刺す。
❷ 保存袋に入れてお湯とせっけんでなでて転がして型紙サイズまでフェルト化する。
❸ 型紙を抜いて出来上がりサイズまでフェルト化する。
❹ とける下絵シートで模様を刺繍し、シートを水で溶かして乾かし、LT.シルクをボンドでつける。
❺ 乾いたら口金をボンドでつける。

ベース：39（青）
LT.シルク
30（アッシュブラウン）
210（グレー）
56（ピンク）
1（白）
60（黄緑）

【赤】
赤は単純な模様なので「とける下絵シート」を使わず、図案のアリをそのまま刺す。

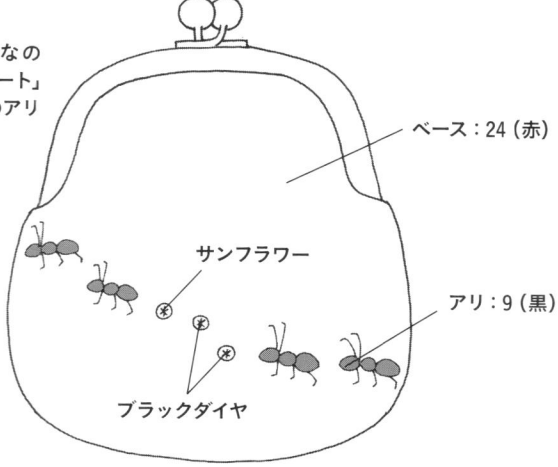

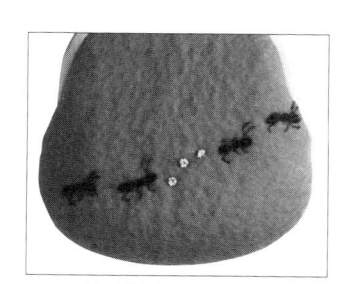

ベース：24（赤）
サンフラワー
ブラックダイヤ
アリ：9（黒）

アリの羊毛刺繍は片面にも行う。

17 布フェルトのポーチ

{ P.52 }
型紙 No.7

Woolcloth porch

[完成サイズ]
縦18cm(口金含む)×
横19cm(最大幅)
マチ8cm

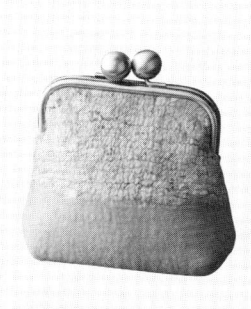

材料
羊毛：37(サーモンピンク) 50g
フェルケット：Lサイズ104(ピンク) 34cm×26cm×2枚
ダブルガーゼ：28cm×12cm×2枚(型紙を参照して形通りにカット)
口金：外径横約15cm×縦約6cm(ブロンズ/25mm玉)
※巻末の実物大型紙で型紙を作り、出来上がりサイズを確認する。

手順
基本のカードケース 作り方(P.37)、P.53参照。

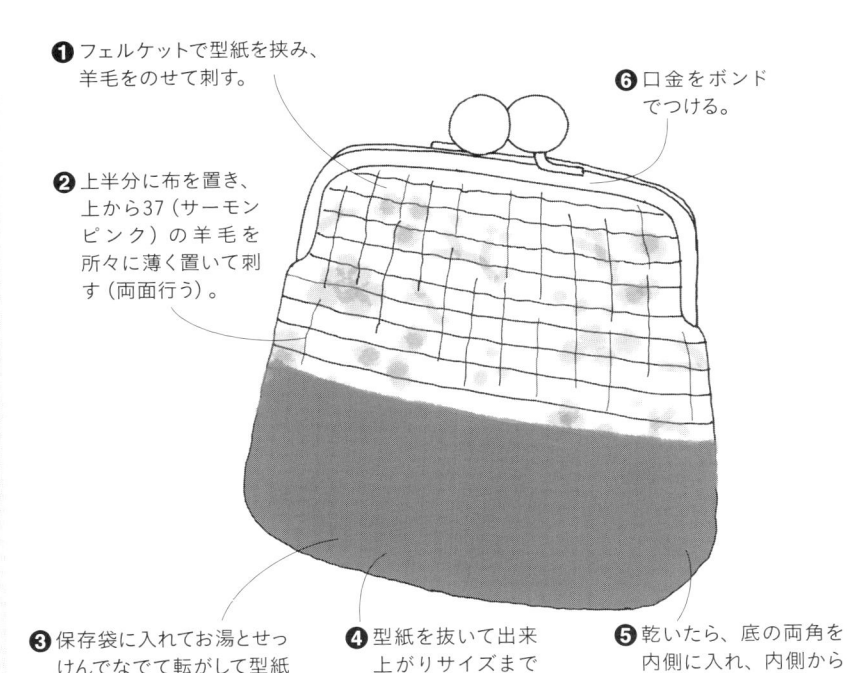

❶ フェルケットで型紙を挟み、羊毛をのせて刺す。

❷ 上半分に布を置き、上から37(サーモンピンク)の羊毛を所々に薄く置いて刺す(両面行う)。

❸ 保存袋に入れてお湯とせっけんでなでて転がして型紙サイズまでフェルト化する。

❹ 型紙を抜いて出来上がりサイズまでフェルト化する。

❺ 乾いたら、底の両角を内側に入れ、内側からマチを縫う。

❻ 口金をボンドでつける。

■マチの作り方

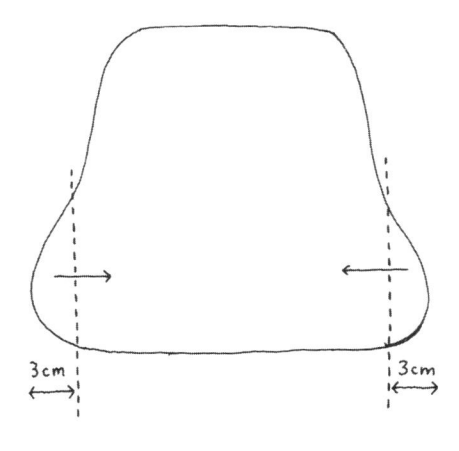

3cm　　　3cm

フェルト化して乾かしたポーチにマチを作る。図のように両角3cmを内側に折り込む。
ポーチを裏に返したら、縫い針と糸を用意し、折り込んだ両角を内側から縫う。表に返し口金をつけて完成。

How to make 75

18 レースのがまぐち
{ P.54 }
型紙 No.8

Bag with lace

［完成サイズ］
縦18cm（口金含む）×横23cm

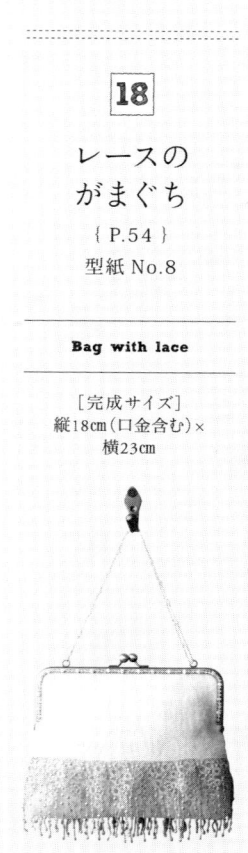

材料
羊毛：I（白）60g
フェルケット：Lサイズ201（白）43cm×27cm×1枚（型紙と同じ大きさに切る）
ニットレース：アミュ・フリンジレースリング ベージュ㊁ 48cm
パールチェーン：ホワイト/シルバー70cm、マルカン：1個
スワロフスキー・エレメント#5328クリスタル4mm：112個
淡水パール・バロック4mm・白：36個
口金：外径約21cm×縦約9cm（H207-010/アンティーク/㊁）
※巻末の実物大型紙で型紙を作り、出来上がりサイズを確認する。

手順 基本のカードケース 作り方（P.37）、P.55参照。

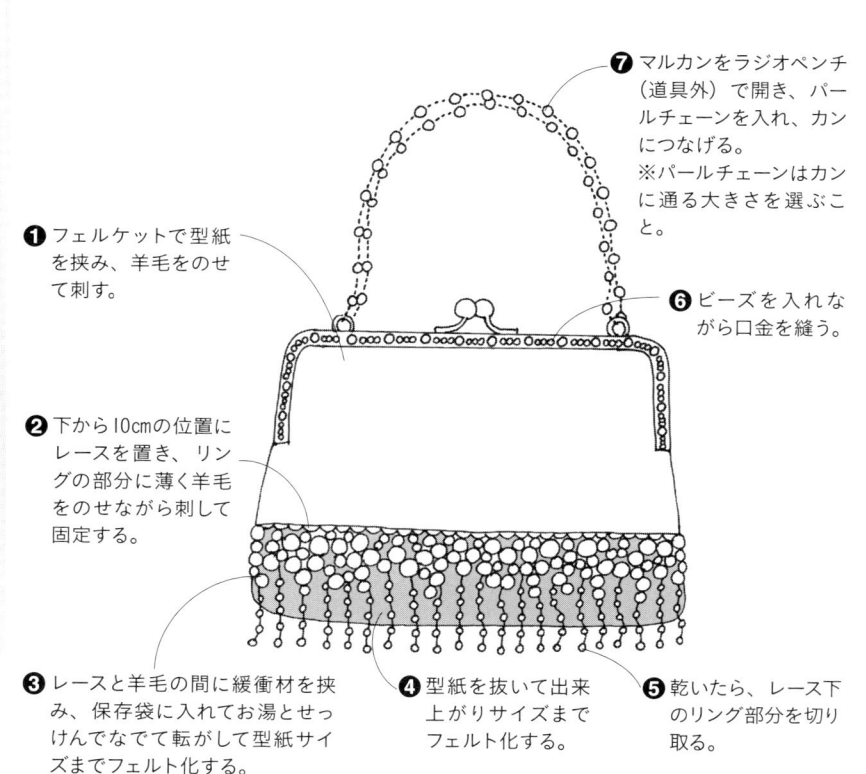

❶ フェルケットで型紙を挟み、羊毛をのせて刺す。

❷ 下から10cmの位置にレースを置き、リングの部分に薄く羊毛をのせながら刺して固定する。

❸ レースと羊毛の間に緩衝材を挟み、保存袋に入れてお湯とせっけんでなでて転がして型紙サイズまでフェルト化する。

❹ 型紙を抜いて出来上がりサイズまでフェルト化する。

❺ 乾いたら、レース下のリング部分を切り取る。

❻ ビーズを入れながら口金を縫う。

❼ マルカンをラジオペンチ（道具外）で開き、パールチェーンを入れ、カンにつなげる。
※パールチェーンはカンに通る大きさを選ぶこと。

■口金につけるビーズ類の順番

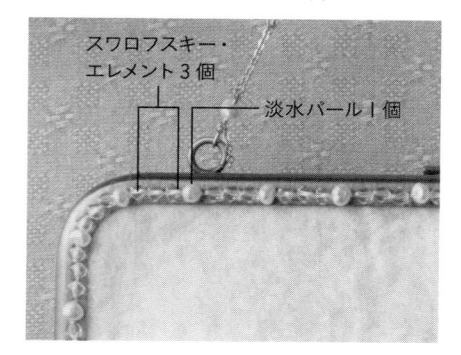

スワロフスキー・エレメント3個
淡水パール1個

口金は両面ともビーズを通しながら縫いつける。まずスワロフスキー・エレメントを3個縫いつけ、淡水パールを1個縫いつける。
スワロフスキー・エレメント3個→淡水パール1個→スワロフスキー・エレメント3個→淡水パール1個……を繰り返す。最後はスワロフスキー・エレメント2個で終わる。

19
クラッチ バッグ
{ P.56 }
型紙 No.9

Clutch bag

［完成サイズ］
縦26cm（口金含む）×
横26cm

材 料
羊毛：806（ダークグレー）70g
フェルケット：Lサイズ 206（ダークグレー）30cm×65cm×1枚
（型紙と同じ大きさに切る）
手持ちショルダーチェーン（ナスカンつき）：アンティーク40cm
口金：外径横約24.5cm×縦約11cm（アンティークゴールド）
※巻末の実物大型紙で型紙を作り、出来上がりサイズを確認する。

手 順 基本のカードケース 作り方（P.37）、P.57参照。

❶ ベース用の型紙とポケット用の型紙を用意しておく。

❷ ベース用の型紙にフェルケットを挟み、羊毛を縦横1層のせたら、ポケットの型紙を下から8cmの中央部分に置き、2層目をのせて刺す。

❸ 保存袋に入れてお湯とせっけんでなでて転がして型紙のサイズまでフェルト化する。型紙とポケット用型紙を抜き、更に型紙の出来上がりサイズまでフェルト化する。

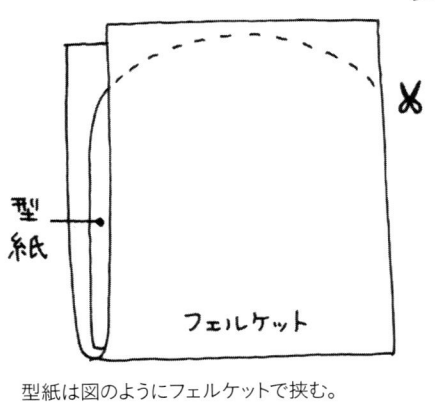

❹ 口金を赤い糸で縫い、ポケットの入り口は「フライステッチ」で縫う。

型紙は図のようにフェルケットで挟む。
カーブの部分を型紙に沿ってハサミでカットすること。

How to make 77

20
親子口金
{ P.58 }
型紙 No.10

Parent and child clasp

［完成サイズ］
縦10.5cm（口金含む）×
横13cm（最大幅）

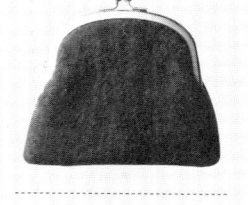

材料
羊毛：215（えんじ色）35g
フェルケット：304（ピンク）22cm×16cm×2枚（型紙と同じ大きさに切る）
口金：外径横約10.5cm×縦約6cm（銀）
※巻末の実物大型紙で型紙を作り、出来上がりサイズを確認する。

手順　基本のカードケース 作り方（P.37）、P.59参照。

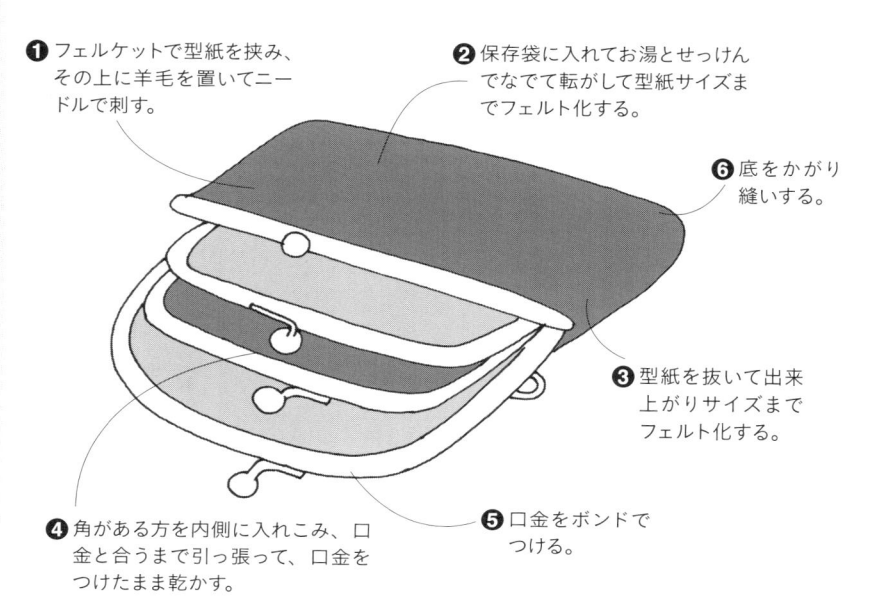

❶ フェルケットで型紙を挟み、その上に羊毛を置いてニードルで刺す。

❷ 保存袋に入れてお湯とせっけんでなでて転がして型紙サイズまでフェルト化する。

❸ 型紙を抜いて出来上がりサイズまでフェルト化する。

❹ 角がある方を内側に入れこみ、口金と合うまで引っ張って、口金をつけたまま乾かす。

❺ 口金をボンドでつける。

❻ 底をかがり縫いする。

ONE POINT COLUMN

応用作品『がまぐちボックス』『スクエアケース』について

次のページでご紹介する『がまぐちボックス』と『スクエアケース』は「発泡スチロールのボールで作るがまぐち」と「型紙で作るがまぐち」の作り方を合わせた工程を持つ、応用作品です。

型を大小ふたつ用意するところは「ボールで作るがまぐち」で直径0.5cm違いのボールをふたつ用意するのと同様。こうすることで口金にピッタリと合うサイズにフェルト化することができます。

また、型を自分で作るところから始めるのは「型紙で作るがまぐち」と同様ですが、ニードルマットの縦と横をサイズ通りにカットするだけなので、型紙作りは他の作品に比べてかんたんです。

しかしその形状から、お湯とせっけんでフェルト化する工程で転がすことができません。それぞれの面を、丁寧に時間をかけてなで、しっかりフェルト化していきましょう。

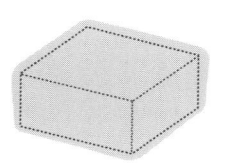

①1回目の型紙にフェルケットと羊毛を巻き、お湯とせっけんでフェルト化する。

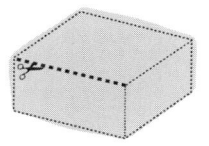

②型紙と同じサイズに縮んだら、羊毛の水分をタオルで吸収し、切り口（巻末型紙参照）をハサミでカットして中の型紙を取り出す。

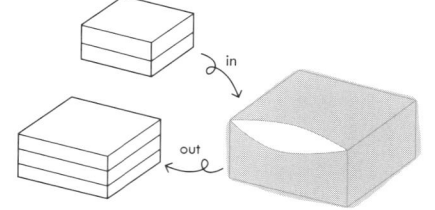

③2回目の型紙を②の中に入れ、再びお湯とせっけんで型と同じサイズに縮むまでフェルト化する。

21
[応用 1]

がまぐち ボックス
{ P.60 }
型紙 No.11

Square box

[完成サイズ]
縦9.5cm(口金含む)×
横12cm(口金含む)×高さ4cm

材料
羊毛：815 (ライトブルー) 30g
フェルケット：319 (赤) 15cm×40cm×1枚、13cm×8.5cm×2枚
チェーン：ブロンズ16mm、銅古美：2個
口金：外径横約7.5cm×縦約6cm (H207-002-4/アンティーク/△)
型：1回目　14.5cm×10.5cm×2cm×3枚
　　　　　(14.5cm×10.5cmにカットしたニードルマット3枚)
　　2回目　12cm×9.5cm×2cm×2枚
　　　　　(12cm×9.5cmにカットしたニードルマット2枚)

手順
基本の小さながまぐち 作り方 (P.08)、
基本のカードケース 作り方 (P.37)、P.61参照。

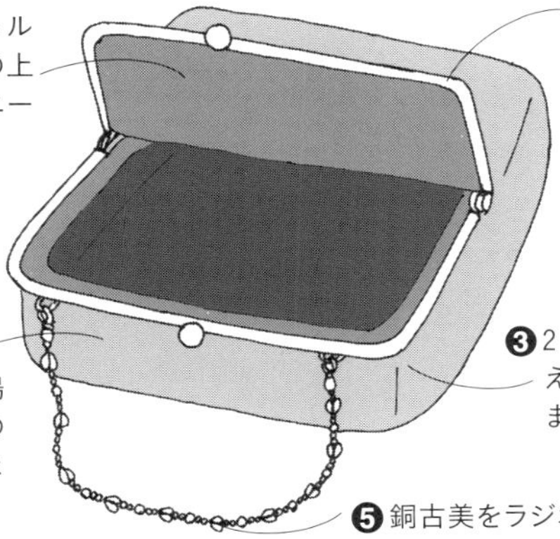

❶ 1回目の型紙にフェルケットを巻き、その上から羊毛を並べてニードルで刺す。

❷ 保存袋に入れてお湯とせっけんで1回目の型紙サイズになるまでなでる。

❸ 2回目の型紙に入れ替えてそのサイズになるまでフェルト化する。

❹ 乾いたら、赤い糸で口金を縫いつける。

❺ 銅古美をラジオペンチ (道具外) で開き、チェーンを入れ、それぞれカンにつなげる。

22
[応用 2]

スクエアケース
{ P.62 }
型紙 No.12

Square case

[完成サイズ]
縦13cm(口金含む)×
横12cm(口金含む)×高さ1.5cm

材料
羊毛：45 (レモンイエロー) 30g
フェルケット：316 (白) 13cm×30cm×1枚、13cm×4cm×2枚
両面ハトメ (金)：穴径約6mm・2個、穴径約5mm・3個、穴径約4mm・2個
口金：外径横約12cm×縦約7.5cm (シルバー)
型：1回目　13cm×13cm×2cm
　　　　　(13cm×13cmにカットしたニードルマット1枚)
　　2回目　10.5cm×10.5cm×2cm
　　　　　(10.5cm×10.5cmにカットしたニードルマット1枚)

手順
基本の小さながまぐち 作り方 (P.08)、
基本のカードケース 作り方 (P.37)、P.62参照。

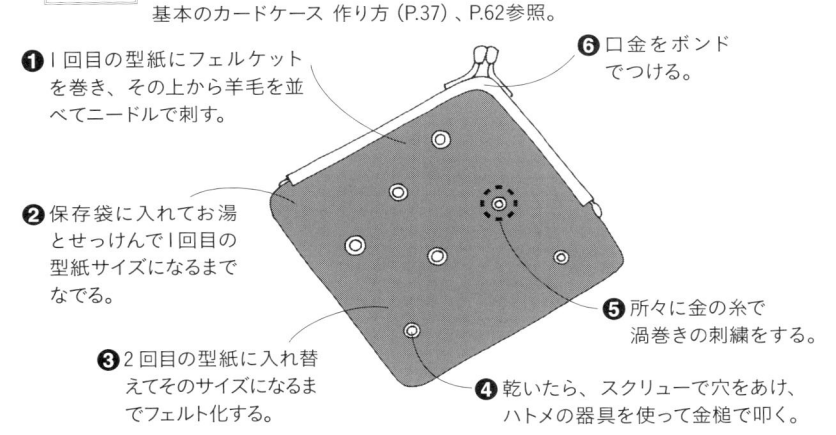

❶ 1回目の型紙にフェルケットを巻き、その上から羊毛を並べてニードルで刺す。

❷ 保存袋に入れてお湯とせっけんで1回目の型紙サイズになるまでなでる。

❸ 2回目の型紙に入れ替えてそのサイズになるまでフェルト化する。

❹ 乾いたら、スクリューで穴をあけ、ハトメの器具を使って金槌で叩く。

❺ 所々に金の糸で渦巻きの刺繍をする。

❻ 口金をボンドでつける。

How to make　79

佐々木 伸子　Nobuko Sasaki

羊毛フェルト作家。
一般社団法人 日本羊毛フェルト協会代表理事。
伝統手芸・佐田つまみの師範である母より、手芸の基礎と楽しさを子供時代に学ぶ。14年間のスポーツインストラクター業を経て、2001年に羊毛フェルトとの運命的な出会いを果たす。現在は「急がず、丁寧に、楽しんで」をモットーに、羊毛フェルト作家の育成や啓蒙活動に全国を飛び回り、商品開発、他ジャンルの作家とのコラボレーション作品を発表する等、多岐にわたって活躍中。『羊毛フェルトテクニックブック』『羊毛フェルトアイデアブック』『型紙で作る羊毛フェルト～新しいスタイル フレームフェルト』(すべて河出書房新社)、『ニードルフェルトでつくる和のスイーツ』(グラフィック社)、『羊毛フェルトで作る くたっとかわいい森の動物たち』(小社刊) 等著書多数。

一般社団法人 日本羊毛フェルト協会　http://woolfelt.jp
ブログ [羊毛フェルトのある暮らし]　http://ameblo.jp/nobimaru

woollies
ウールフェルト キット がまぐち
WOOLFELT KIT GAMAGUCHI ver. 発売
佐々木伸子が主催する「羊毛のある暮らしを提案する」ブランドwoolliesより、この本で紹介した作品がキットになって登場します！
詳しくは協会HP (http://woolfelt.jp) をごらんください。

🐑 資材協力
ハマナカ株式会社
[京都本社]
〒616-8585
京都府京都市右京区花園藪ノ下町2-3
TEL：075-463-5151
[東京支店]
〒103-0007
東京都中央区日本橋浜町1-11-10
TEL：03-3684-5151
http://www.hamanaka.co.jp

🐑 小物協力
スナオラボ
ねこのて

🐑 STAFF
企画・構成・編集
　　　藤川 佳子
　　　((社)日本羊毛フェルト協会)
撮影　　鹿又 聡恵
　　　(有限会社シマスタジオ)
撮影スタイリング
　　　絵内 友美
本文・カバーデザイン
　　　宮本 鈴子
型紙作成・レイアウト
　　　山賀 智恵美
イラストレーション
　　　花島 ゆき
校正　　土屋 恵美
　　　長尾 恵美子
作品製作アシスタント
((社)日本羊毛フェルト協会 認定作家)
　　　寺岡 恵里
　　　塩塚 則子
企画進行　中川 通
　　　渡辺 塁
　　　編笠屋 俊夫
　　　牧野 貴志
　　　(辰巳出版株式会社)

羊毛フェルトで作るがまぐちブック

平成25年10月1日　初版第1刷発行

著　者　佐々木伸子
発行者　穂谷竹俊
発行所　株式会社日東書院本社
　　　〒160-0022　東京都新宿区新宿2丁目15番14号 辰巳ビル
TEL　03-5360-7522 (代表)
FAX　03-5360-8951 (販売)
振替　00180-0-705733
URL　http://www.TG-NET.co.jp
印刷／製本　大日本印刷株式会社

本書の無断複写複製（コピー）は、著作権上での例外を除き、著作者、出版社の権利侵害となります。
乱丁・落丁はお取り替えいたします。小社販売部までご連絡ください。

©Nobuko Sasaki 2013 Printed in Japan
ISBN 978-4-528-01877-8 C2077